JOAN HALIFAX

SCHAMANEN

ZAUBERER, MEDIZINMÄNNER, HEILER

Mit 131 Abbildungen und 16 Farbtafeln
Aus dem Englischen übersetzt von Ursula Richter

INSEL VERLAG

Jeder Schamane weiß, daß der Tod alles mit Leben erfüllt.
Hyemeyohsts Sturm, Medizinmann der Nördlichen Cheyenne

Dieses Buch ist ein Geschenk an alle meine Verwandten.

Folgende Personen haben mir, neben vielen anderen, bei diesem Buch geholfen, und ich möchte ihnen meine tiefe Dankbarkeit aussprechen: John Barrazzuol, Richard Barazzuol, Jean Butler, Joseph Campbell, Ed Canda, Richard Erdoes, Louis Faron, Peter Furst, Robert Gardner, Ksan Jones, Leonard Krähenhund, Stephanie Leonard, Janet Mackenzie, Matsuwa, Daniel Melnick, Peter Melnick, Barbara Myerhoff, Juan Negrin, Lita O'Dell, Robert Ott, Prem Das, Jill Purce, Gerardo Reichel-Dolmatoff, Ruturi, Harley Schneller Hirsch, Richard Evans Schultes, Douglas Sharon, Sonnenbär und Wabun, Frau T. G. H. Strehlow, Hyemeyohsts Sturm, R. Gordon Wasson, Paula White.

J. H. Mt. Shasta, Juli 1981

First published by Thames and Hudson, London, in the Art and Imagination Series
(General Editor: Jill Purce) as »Shaman – The Wounded Healer«
© 1982 Thames & Hudson Ltd., London
1. Auflage 1983
© der deutschen Ausgabe im Insel Verlag Frankfurt am Main 1983
Alle Rechte vorbehalten
Printed and bound by Dai Nippon Japan.

INHALT

SCHAMANEN

Muster der mystischen Vorstellungskraft 5
Das Netz der Macht 9
Naturverwandtschaften 11
Der heilige Weg des verwundeten Heilers 17
Zuflucht im Paradies 21
Fliegen wie ein Vogel 23
Das Sonnentor 25
Die Rückkehr ins Volk 27
Der Seinsgrund des Lebens 27
Ende eines Zeitalters 32

TAFELN 33

THEMEN 65

Kosmische Karten 66
Wege in die Unterwelt 68
Schwelle zum Jenseits 70
Aufbruch und Inkubation 72
Geister der Unterwelt 74
Tod und Knochenmann 76
Bündnisse und Metamorphosen 78
Lebensenergie und der Verbündete der Kraft 80
Gleichmaß und Mitgefühl 82
Weltenbaum und *Axis Mundi* 84
Der Flug 86
Beherrschung des Feuers 88
Vereinigung mit der Sonne 90
Rückkehr in die Mittelwelt 92

Quellen- und Bildnachweise 96

SCHAMANEN

Die Eskimoskulptur eines Schamanen, der sich selbst harpuniert, verbildlicht ein wesentliches Element: Die Unterwerfung des Schamanen unter ein höheres Wissen. (Skulptur aus Stein, Elfenbein und Knochen von EMIK, Payne Bay, 1949)

Der Beruf des Schamanen ist fast so alt wie das menschliche Selbstverständnis überhaupt, er reicht viele tausend Jahre vor die frühesten bezeugten Zivilisationen zurück. Über die Zeiten hinweg blieb die Ausübung des Schamanismus lebendig und hat sich an die Bräuche sämtlicher Weltkulturen angepaßt. Heute nimmt die Rolle des Schamanen viele Gestalten an: Er ist Heiler, Zeremonienmeister, Richter, sakrosankter Politiker, Künstler, um nur einige zu nennen. In manchen Kulturen steht der Schamane im Mittelpunkt, während er in anderen eher dunkle Randerscheinung bleibt. Doch etwas Gemeinsames scheint alle Schamanen der Erde zu verbinden. Das Erwachen zu anderen Wirklichkeitsebenen, das Ekstaseerlebnis und das Eintreten in visionäre Bereiche bilden stets des Wesen schamanischer Sendung.

Dieser Band vermittelt durchaus kein umfassendes oder detailliertes Bild des Schamanismus. Er bietet vielmehr eine Zusammenfassung verschiedener Formen, ein verallgemeinertes Modell des Phänomens des Schamanismus, dem gewisse aus der Tiefe vieler schamanischer Kulturen zutage tretende psychosymbolische Strukturen zugrunde liegen. Ich habe in den Mittelpunkt des Buches das Motiv der Reise gestellt und verstehe darunter vor allem jene innere Reise, die der Schamane im Verlauf einer Lebenskrise unternimmt, sowie die Methoden, deren er sich bedient, um Chaos und Verworrenheit dieser Reise in ein kosmisches System zu ordnen. Die Untersuchung solcher Ordnungsprozesse offenbart die außerordentliche Konsistenz des schamanischen Gesamtphänomens. Die Tatsache, daß dieser gemeinsame Faktor sämtliche scheinbar unvereinbaren ethnischen und kulturellen Linien durchdringt, zeugt für das Geheimnis und die Vitalität der Quelle aller Mythen, nämlich der menschlichen Psyche.

Eine stilistische Anmerkung scheint unumgänglich: Obwohl die Ausübung des Schamanismus während der letzten hundert Jahre durch die Einführung der Technik in vielen vorgeschichtlichen Kulturen stark zurückgegangen ist, wird in diesem Buch in Übereinstimmung mit dem heute gebräuchlichen anthropologischen Stil das »ethnographische Präsens« verwendet.

MUSTER DER MYSTISCHEN VORSTELLUNGSKRAFT

Schamanisches Wissen trägt überall auf der Erde erstaunlich ähnliche Züge. Trotz kultureller Unterschiede und trotz der Wanderungen und der Ausbreitung der Völker über den Erdball bilden die der Kunst und Ausübung des Schamanismus zugrunde liegenden Kernthemen einen zusammenhän-

Ein Meergeist mit einer Möwe. Der Geist scheint eine Gabe zu verteilen. Die einzigartige Vitalität der Kunst schamanischer Kulturen zeugt von dem Glauben an allgegenwärtige Mächte der Natur, die durch Seher und Zauberer unter den besonderen Bedingungen schamanischer Ekstase gelenkt werden können. (Steindruck von Kenojuak, Eskimo, Kap Dorset, 1963)

Die Uaupés-Indianer in Kolumbien verwenden, wie der Anthropologe Gerardo Reichel-Dolmatoff berichtet, pflanzliche Halluzinogene, um in unmittelbaren Kontakt mit dem Übernatürlichen zu treten. Die Visionen hervorrufenden Drogen selbst hält man für die Wohnung von Geistern. Häufig bemalen die Desanda aus dem Uaupés-Gebiet die Wände ihrer Versammlungshäuser *(malocas)* mit Abbildungen der Geister, die sie im Drogenrausch gesehen haben. (Zeichnung nach Reichel-Dolmatoff, *The Shaman and the Jaguar*, Geisterbild aus dem *maloca* von Bará, Pira-paraná.)

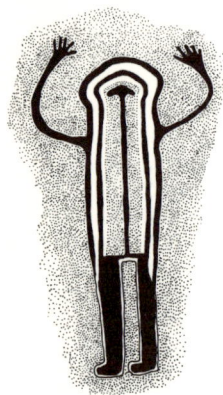

1 Rasmussen, *Intellectual Culture of the Iglulik Eskimos*, S. 55 f.
2 Eliade, *Schamanismus*, S. 464
3 Halifax, *Die andere Wirklichkeit der Schamanen*

genden Komplex. Dabei gibt es durchaus kulturelle Abweichungen – und doch lassen sich bei der Untersuchung des Themas sowohl äußere Züge als auch tiefere Strukturen erkennen, die konstant zu sein scheinen.

Die Anfänge des Schamanismus im Paläolithikum stellen das Phänomen unweigerlich in Zusammenhang mit der Tierwelt der Jagd. Man begann, den Schamanen metaphysisch mit den ungezähmten Lebewesen zu identifizieren, die Nahrung und Kleidung lieferten und sogar Schutz boten. Ein Iglulik-Eskimo erläuterte dem Arktisforscher Knud Rasmussen dieses Konzept wie folgt: »Die größte Lebensgefahr droht aus der Tatsache, daß die menschliche Nahrung ausschließlich aus Seelen besteht. All die Lebewesen, die wir töten und essen müssen, all die, die wir erschlagen und vernichten müssen, um Kleidung herzustellen, haben Seelen, Seelen, die nicht mit dem Körper erlöschen, die daher (versöhnt) werden müssen, damit sie sich nicht an uns dafür rächen, daß wir ihnen ihre Körper fortnehmen.«[1]

Durch diese Fixierung auf das Tierreich suchte der paläolithische Schamane unmittelbare Kontrolle über die jagdbaren Tiere zu gewinnen und Herr über das Wild zu werden, damit es seinem Ruf folgte. Tieropfer, vogelgestaltige Schamanenstäbe, Tiere als Hausgeister sowie Tierkostüme von Löwen, Bullen, Bären und Hirschen spielten alle im paläolithischen Schamanismus eine Rolle. In der franko-kantabrischen Höhle von Les Trois Frères findet sich beispielsweise eine 15 000 Jahre alte Darstellung eines Zauberers, der über einer Gruppe durcheinanderspringender Tiere tanzt; inmitten dieser Tiere tanzt ein als Bison gekleideter Schamane und schwingt einen Jagdbogen (s. S. 54 f.). Ohne Frage gehörten Tanz und Trance gleichermaßen zum Kern des frühen Schamanismus, wie sie Teil dieser bis heute fortbestehenden Kunst der Ekstase geblieben sind.

Das Erlebnis der Ekstase, so stellt Mircea Eliade fest, ist ein zeitloses »Urphänomen«.[2] Psychologische Erlebnisse der Entrückung müssen, so fährt er fort, als wesentlicher Bestandteil der menschlichen Verfassung schlechthin betrachtet werden und sind daher der gesamten archaischen Menschheit bekannt. Eine Bewertung solch visionärer Erlebnisse führt häufig zu lokalen, kulturbezogenen Deutungen. Dennoch bezeugen Berichte heutiger Schamanen den übereinstimmenden symbolischen Gehalt derartiger Ekstaseerlebnisse.[3] Die während schamanischer Heimsuchungen und Erregungszustände wirksamen Archetypen ähneln sich von Lappland bis Patagonien, vom Paläolithikum bis heute erstaunlich.

Betrachten wir die Visionen der Schamanen seit archaischer Zeit bis in die unmittelbare Gegenwart, so zieht sich das Thema der im Zustand qualvoller Ekstase unternommenen großen Suche wie ein roter Faden durch viele Kulturen. Diese metaphysische Reise nun soll hier näher untersucht werden.

Die Stationen der schamanischen Initiationsreise scheinen einem bestimmten Muster zu folgen. Die Berufung zur Macht verlangt zunächst Absonderung von der irdischen Welt: Der Novize wendet sich – sei es absichtlich, rituell oder spontan infolge einer Krankheit – von allem weltlichen Leben ab und kehrt sich nach innen, dem Unbekannten, dem *Mysterium* zu. Dieser Richtungswechsel kann nur durch eine Haltung vollbracht werden, die C. G. Jung »der Erkenntnis gehorchen« nannte. Nur wenn er Disziplin entwickelt, kann der Schamane seine gewohnten Denk- und Verhaltensweisen abstreifen und sich die visionären Bereiche erschließen. Daher führt die erste Berufung zur Macht den Schamanen ins Reich des Chaos, das *Limen,* wo freie, ursprüngliche Macht waltet.

In jedem Fall vollzieht sich die Erweckung des Schamanen psychologisch, während ihm in Trance mystische Erkenntnisse zuteil werden. Alle Mythologien schamanischer Völker, symbolischen Züge des schamanischen Komplexes und Heiltechniken beruhen auf dem Erlebnis der Ekstase. Die tiefsten Strukturen der Psyche zeigen sich in Themen wie dem Abstieg ins Reich des Todes, Begegnungen mit dämonischen Mächten, Zerstückelung, Feuerproben, Gemeinschaft mit der Welt der Geister und Tiere, Einverleibung der Elementarkräfte, Aufstieg über den Weltenbaum und/oder den Kosmischen Vogel, Erkenntnis einer solaren Identität und Rückkehr in die Mittlere Welt, das heißt die Welt der menschlichen Angelegenheiten. Der Schamane bzw. die Schamanin hat allerdings eher soziale als persönliche Motive für die Öffnung der Psyche, denn ihm oder ihr geht es um die Gemeinschaft und deren Wohl; Sakralhandlungen dienen daher der Schaffung von Ordnung aus dem Chaos.

Durch einen tiefgreifenden Prozeß psychischer Verwirrung und Erregung werden so die Bilder der mystischen Vorstellungskraft hervorgerufen. Derartige transpersonale und transkulturelle Wahrnehmungen sind auch der modernen Psychiatrie bekannt und werden dort im allgemeinen als pathologisch gewertet. Die Einsichten des Psychiaters John Weir Perry über psychosymbolische Vorgänge bei Personen, die als schizophren diagnostiziert wurden, geben jedoch auch wichtige Fingerzeige in bezug auf die archetypische Natur des schamanischen Komplexes.[4] Dr. Perry hat zehn für die Reorganisation des Selbst typische Züge herausgearbeitet: 1. Psychische, kosmische und personale Geographie kreisen um ein *Zentrum*. 2. *Der Tod* tritt im Gefolge von Zerstückelung und Opferung ein; die Person wird gefoltert, zerstückelt und ihre Knochen werden umgruppiert; auch ist es möglich, als Toter mit Geistererscheinungen zu sprechen. 3. Die Person erlebt eine *Rückkehr* in die Vergangenheit, ins Paradies oder in den Mutterleib; die Rückwendung zeigt sich eventuell auch in einem kleinkindlichen Verhalten der Person. 4. Es entsteht ein *kosmischer Konflikt* zwischen Gut und Böse oder anderen Gegensatzpaaren. 5. Es entsteht das Gefühl, vom anderen Geschlecht überwältigt zu werden; die *Bedrohung durch den Gegensatz* kann auch als positive Identifikation mit dem Entgegengesetzten auftreten. 6. Die Umformung des Individuums führt zu einer mystischen *Apotheose,* in deren Verlauf der Leidende mit einem kosmischen oder königlichen Wesen identifiziert wird. 7. Die Person schließt eine *heilige Ehe,* das Gegensatzpaar wird vereint. 8. Eine *neue Geburt* gehört zu Wiedergeburtsvorstellungen und -erlebnissen. 9. Die Vision eines neuen Zeitalters oder einer *neuen Gesellschaft* taucht auf. 10. Das Gleichgewicht aller Elemente führt zu einer *Quadratur der Welt,* einer vierfachen, durch Gleichgewicht und Tiefe gekennzeichneten Struktur.

Die Erneuerung des Selbst, wie Dr. Perry diesen Vorgang nennt, weist verblüffende Parallelen zum schamanischen Komplex auf. Jedes der genannten Charakteristika hat seine Entsprechung im Psychosymbolismus

---

4 Perry, *The Far Side of Madness*

und Mythos der urgeschichtlichen Welt. Den Schamanen trifft man ja ebenfalls im Mittelpunkt des Kosmos an, dort wo die drei Welten – Unterwelt, Mittlere Welt und Himmelreich – sich begegnen. Der Mittelpunkt, die Weltenachse oder *Nieríka,* ist Pfad, Übergang oder Torweg in das Reich des Todes, wo dem Schamanen dämonische Mächte begegnen, die ihn zerstückeln. Diese Begegnung findet im kosmischen Leib der Mutter Erde statt, in den Eingeweiden der Unterwelt, im Uranfang, vor dem Beginn der Zeit. Der Kampf des Schamanen mit den Elementargewalten drückt sich mitunter auch in anfänglicher Furcht vor der Macht des Gegensatzes aus, beispielsweise im verzweifelten Widerstand des sibirischen Schamanen dagegen, zweigeschlechtlich zu werden. Nach seiner Kapitulation kommt es durch mystische Identifikation mit dem Feuer zur Apotheose. Die sakrale Hochzeit mit dem ungezähmten Geist des anderen Geschlechts vereinigt die Gegensatzpaare. Als Folge können sich in den höchsten Zweigen des Weltenbaumes Geburt und Wiedergeburt ereignen. Das Thema der erneuten Geburt hat seine Parallele in dem früheren Stadium der Rückwendung und Wiederkehr, ebenso wie die heilige Ehe mit ihrem Gegensatz im Widerstand dagegen, durch das andere Geschlecht vereinnahmt oder verschlungen zu werden. So wie der Schamane wiedergeboren wird, wird auch die Gesellschaft wiedergeboren, denn der Schamane verkörpert das Bild eines harmonischen Kosmos: Der kosmische Plan sieht ein geordnetes Universum vor, wo sich in einer erneuerten Welt die vier Winde, die vier Straßen oder die vier Richtungen im Gleichgewicht befinden.

Dieses Geheimnis erfährt der Schamane in Visionen, Träumen und ekstatischen Erregungszuständen. Die Schamanin Essie Parrish von den kalifornischen Pomo sagte über ihre Reise: »Ich brauch' nirgends hingehen, um zu sehen. Visionen gibt's überall.« Und so sah ihre Offenbarungsreise aus:

Man muß eine Prüfung bestehen. Danach kann man lernen, mit dem Finger zu heilen. Ich bin unterwegs durch alle Prüfungen gegangen, darum bin ich jetzt Schamanin. »Hüte dich auf der Reise«, sagten sie, »auf der Reise zum Himmel«, warnten sie mich.

So ging ich denn los. Ich bin durch endlose Hügel gewandert. Berge und Täler und endlose Hügel. Ich bin gewandert und gewandert, bis ich an eine kleine Brücke kam, und rechts davon waren viele Leute, die waren nackt und schrien: »Wie bist du denn da rübergekommen, wir wollen da auch rüber, aber wir sitzen hier fest; komm doch bitte her und hilf uns nach drüben, das Wasser ist uns zu tief.« Ich hab mich aber nicht drum gekümmert, bin einfach weiter und weiter marschiert, und dann hab ich ein Tier gehört, das klang wie ein riesiger Hund, und da war dann auch ein riesiger Hund, und daneben stand eine riesige Frau in blauen Kleidern, und ich beschloß, einfach an ihnen vorbeizugehen; das hab ich dann gemacht, und der Hund hat mich bloß angeknurrt. Man darf nie zurückgehen. Ich bin gewandert und gewandert, und ich kam zu einem Baum, der stand dort ganz allein, und ich ging hin, sah an ihm hoch und las die Botschaft. Geh weiter, du hast die Hälfte geschafft. Danach hab ich mich besser gefühlt, ein bißchen besser.

Und ich bin gewandert und gewandert und gewandert und gewandert, und ich hab Wasser gesehen, ein riesiges Wasser – wie soll ich da durchkommen? Ich hab Angst, daß es tief ist. Sehr blaues Wasser. Aber ich muß gehen. Den ersten Fuß eintauchen, dann den linken, nie die linke Hand gebrauchen, und ich bin durchgewatet. Ich bin weiter und weiter und weiter gegangen, und ich mußte einen Ort betreten, und da mußte ich nach unten sehen: Es war heiß, und da waren Leute, die sahen winzig aus unten in diesem Feuerofen, und sie rannten herum und schrien. Ich mußte hinein. Verstehen Sie, diese Prüfungen sind dazu da, meinem Volk beizubringen, wie man lebt. Das Feuer verbrannte mich nicht. Und ich bin gewandert und gewandert und gewandert und gewandert. Unterwegs muß man leiden. Und ich kam an eine vierfache Straße, die war wie ein Kreuz. Welcher Weg ist richtig? Ich hab schon gewußt, daß der richtige Weg zum Himmel nach Osten geht. Norden, Süden und Westen sind gefährlich. In der Mitte der Kreuzung war ein Platz. Im Norden konnte man die schönen Dinge dieser Welt sehen, Hügel, und Felder und Blumen und alles Schöne, und ich hätte am liebsten danach gegriffen, aber ich hab mich abgewendet. Im Süden war es dunkel, aber da gab es Geräusche, Ungeheuer und riesige Tiere. Und ich hab mich abgewendet und bin nach Osten gewandert und gewandert und gewandert, und da gab es Blumen an beiden Seiten der Straße; Blumen über Blumen, nicht von dieser Welt.

Und während man geht, gibt es ein weißes Licht in der Mitte. Das Schwierige ist: Mein Denken verändert sich. Wir sind das Volk der Erde. Wir wissen, was Sorge und Wissen und Glaube und Talent und alles heißt. Also, als ich da wanderte, wollte ich an manchen Stellen reden, an manchen tanzen, aber ich lasse das alles hinter mir um der anderen Welt willen. Als ich dann diesen Ort betrat, da wußte ich Bescheid; wenn man in den Himmel will, muß man schon ziemlich arbeiten. Das hab ich in meiner Vision gesehen. Ich brauch' nirgends hingehen, um zu sehen. Visionen gibt's überall.[5]

DAS NETZ DER MACHT

Für den Schamanen haben alle Dinge der sichtbaren Welt Lebenskraft. Wie das polynesische *mana* oder das *wakanda* der Sioux wird diese Lebensenergie als eine göttliche, alles durchdringende Kraft begriffen. Die Erkenntnis des Schamanen besteht in dem Wissen, daß Leben Macht ist; seine Aufgabe ist es, in Gemeinschaft mit denen zu treten, die Macht verleihen; Herrschaft über diese Macht zu erlangen: das ist die Fähigkeit des Schamanen.

Die schamanische Vorstellung vom Kosmos der sibirischen Tschuktschen beispielsweise geht davon aus, daß diese Macht alle Dinge erfüllt und daß jedes Ding unbegrenzte Möglichkeiten der Verwandlung besitzt. Ein Tschuktschen-Schamane erzählte dem Anthropologen Waldemar Bogoras folgendes:

Es gibt Leben am steilen Ufer des Flusses. Dort gibt es eine Stimme, die laut spricht. Ich habe den »Herrn« der Stimme gesehen und mit ihm gesprochen. Er unterwarf sich mir und brachte mir Opfer. Gestern kam er und hat meine Fragen beantwortet. Der kleine graue Vogel mit der blauen Brust kommt zu mir und singt in einem Astloch Schamanenlieder, ruft seine Geister und betreibt Schamanismus. Der Specht schlägt mit der Trommlernase seine Trommel im Baum. Der Baum zittert unter der Axt und stöhnt wie die Trommel unter dem Schläger. All dies kann ich herbeirufen.[1]

Derselbe Tschuktschen-Schamane behauptete auch: »Alles, was existiert, lebt.« Der Schamane personifiziert alle Phänomene des Universums und stattet sie mit menschlichen Eigenschaften aus. Der Baum zittert unter der Axt. Die Trommel stöhnt unter dem Schläger. Alle Dinge besitzen Emotionen, welche Einflüssen unterworfen sind. Bedient sich der Schamane der Macht, dann wird es möglich, in einem Kosmos, der im Grunde ebenso

5 *Alcheringo. Ethnopoetics*

1 Bogoras, *The Chukchee*, S. 281

Die taoistischen Talismane der Chinesen sind eine Art angewandte Magie mit schamanistischem Einschlag. Sie sollen dem Besitzer helfen, zu Wohlstand zu kommen, Unglück fernzuhalten und mit den Geistern zu verkehren. Auf philosophischer Ebene sind diese Talismane Sinnbilder der segensreichen Vereinigung von *Yin* und *Yang* im Kosmos. Dieser Himmelsboten-Talisman zeigt eine Figur mit spiralförmigem Körper, dem Symbol der 28 Konstellationen des Lichts *(Yang)*; die Beine gehen auf der Erde *(Yin)*, ihr Schritt bannt die bösen Geister. (Aus Legeza, *Tao Magic*)

unberechenbar ist wie die Menschenwelt, den Tod aufzuheben, alle Form umzuwandeln und Zeit und Raum zu transzendieren.

Viele schamanische Völker, die sowohl Willen als auch Empfindung mit Macht in Verbindung bringen, glauben, daß jedes erkenntnisfähige Wesen auch die Möglichkeit besitzt, Macht auszuüben. Das Netz der Macht beseelt den Kosmos. Der Schamane reicht in dieses Netz hinein und vermag weit über die Grenzen menschlicher Aktionen und Interaktionen hinauszugelangen.

Die Auserwählten nutzen das Netz der Macht, manch anderer nicht. Der Medizinmann Lahmer Hirsch von den Sioux sagte einmal, daß die Kraft nicht erblich sei. Man kann nach ihr streben, dafür fasten, versuchen, sie durch Träumen hervorzurufen, und doch kommt sie nicht immer. Nicht jeder ist bereit und imstande, über die Macht zu gebieten.

Die erste Berufung führt den Schamanen also ins Reich des Chaos, in das *Limen*, wo der Kosmos ungeordnet ist und Macht frei und ursprünglich waltet. Die ersten Schritte zur Herrschaft über diese Macht können ekstatisch sein. Doch für die eigentliche Ausübung der Schamanenkraft muß ein Zustand inneren Gleichgewichts erreicht werden, damit man über die nötige Geistesgegenwart verfügt. Nur die Ausübung der Macht befähigt zu ihrer Beherrschung; und nur Zeit und Erfahrung führen zu einem gefahrlosen Umgang mit der potentiell schädlichen Macht.

Aus diesem Grund sind denn auch die Prüfungen, die der Schamane vor seiner endgültigen Berufung zu bestehen hat, so schwer. Unbedingter Entscheidungsfaktor dafür, ob die Kraft für gute oder böse Zwecke genutzt wird, sind die Absichten desjenigen, dem sie verliehen wird. Nur allzu häufig kommt es zu Machtmißbrauch. Wenn jedoch die Kraft und das Wissen unter großen Schwierigkeiten erworben werden müssen, werden schwache und unwürdige Bewerber daran scheitern, und der ethische Rahmen des Schamanismus bleibt gewahrt. Das heißt nun allerdings keineswegs, daß alle Schamanen wahre Muster der Tugend wären. So sagte einst Ramón Medina Silva, Schamane der mexikanischen Huichol: »Man hat auf dieser Welt immer einen scharfen Gegenstand parat, um (jemanden) ins Auge zu stechen.« Doch die Härte des Lernprozesses hilft, die Allerunwürdigsten auszusondern und die weniger Würdigen zu stärken.

Am häufigsten wird die Schamanenkraft im Verlauf einer schweren Heimsuchung erfaßt, während einer Krise im Angesicht des Todes. Die Erkenntnis kommt plötzlich, in einem Augenblick, und in vieler Hinsicht gleichen die Beschreibungen, die Schamanen von ihrer Berufung geben, den Berichten der Yogis über die Erweckung des Kundalini oder der Zenmeister über ihr Erleuchtungserlebnis. Der Zugang zum Jenseits erfolgt durch eine vollständige Trennung. Der Novize ergibt sich dem Reich des Chaos, und die Erfahrung von Furcht und Schrecken dient ihm dabei immer wieder dazu, die Intensität seines inneren Zustandes zu steigern.

Paradoxerweise gewinnt der angehende Schamane die Herrschaft über das Chaos mitunter nach einem Kampf gegen Krankheitsdämonen, die ihn überwältigen und an den Rand des Todes bringen. Diese grauenvollen Gegner werden nach und nach zu seinen Lehrmeistern und unterrichten ihn über das Wesen der krankheitserregenden und heimsuchenden Geister. Auf seiner Reise in die Unterwelt wird der Novize mit dem Kampfplatz vertraut gemacht, den er später einmal um anderer willen betreten soll. Dort erwirbt er unmittelbares Wissen aus unmittelbarer Erfahrung, und von daher gewinnt der künftige Heiler Einfühlungsvermögen und die Fähigkeit zum Mitleid.

Ein Ältester aus dem Pueblo San Juan im Südwesten der Vereinigten Staaten beschreibt den Vorgang folgendermaßen:

Was ich sagen möchte, ist schwer zu erklären und schwer zu verstehen ... außer ... außer ... man war selbst am Ende der Tiefen Schlucht und ist unversehrt zurückgekommen. Vielleicht hängt alles von etwas in einem selbst ab – ob man versucht, die Wasserschlange oder die Heilige Kornblume zu finden, ob man ausgeht, dem Tod zu begegnen oder das Leben zu suchen. Es ist so: Solange man im Bereich der großen Wolkenwesen bleibt, kann man wirklich ohne Gefahr bis ans äußerste Ende der Tiefen Schlucht wandern. Man steht unter dem Schutz des Regenbogens und der Großen Wesen. Es gibt keinen Grund zur Sorge und keinen Grund zur Traurigkeit. Man kämpft vielleicht sogar mit den Hexen, doch wenn man ihnen mit furchtlosem Herzen begegnet, wird einen der Kampf stärken. Er hilft uns, unsere Bestimmung im Leben zu erfüllen; er gibt uns Kraft, anderen zu helfen, beliebt und geachtet zu sein und das Leben zu suchen.[2]

NATURVERWANDTSCHAFTEN

Obwohl die Schamanen das Universum als gewaltig und rätselhaft begreifen, ist es für sie doch zugleich ein personifizierter Kosmos. Steine, Pflanzen, Bäume, Gewässer, zwei- und vierbeinige, schwimmende und kriechende Tiere – alle sind beseelt und jedes hat seine eigene Identität. Auch der Kosmos selbst, in seinen Teilen wie als Ganzes, besitzt einen Willen, ein Bewußtsein und Empfindungen. In der Vorstellung der Schamanen vom Kosmos sind die Menschenwelt, die Natur und das Reich der Geister im Grunde nichts weiter als gegenseitige Spiegelungen.

Alle Erscheinungen dieses schamanischen Universums beeinflussen sich gegenseitig in unterschiedlichem Maße und mit unterschiedlicher Kraft. Bestimmten Mythologien zufolge befand sich der Kosmos einst in der paradiesischen Zeit vor aller Zeit ganz mit sich selbst im Einklang. Damals gab es für alle Kreatur und alle Elemente nur eine einzige Sprache, und es war auch die der Menschheit. Doch nach und nach verschlechterten sich die Verhältnisse im Paradies. Die Macht verkam und wurde verhängnisvoll, und die engen Bande der Verwandtschaft zwischen allem Leben lösten sich. So kam es zur Trennung. Doch wenn auch die gemeinsame Sprache verlorenging, blieben doch alle kosmischen Phänomene aufeinander bezogen, und nach wie vor haben die Taten der Menschen tiefen Einfluß auf die Natur und die Geisterwelt.

Die schamanische Weltsicht bestätigt diese Verwandtschaft zwischen allen Erscheinungsformen der Natur. Sie nennt die Urahnen: Großvater Feuer, Großmutter Wachstum, Unsere Mutter See und Quelle, Vater Sonne und Mutter Erde. Die Ahnen sind also sozusagen Naturverwandte. Doch trotz dieser Verwandtschaft gilt das Universum als gefahrvoll. Mit dem Ende des Paradieses nahmen Zeit und Tod ihren Anfang. Die Verbindungswege, die den Zugang öffneten zu den außermenschlichen Bereichen, wurden fast ausnahmslos zerstört. Zeremonie und Opfer können als Versuche verstanden werden, jene mystische Einheit des Paradieses wiederherzustellen. In rituellen Handlungen sucht der Schamane in einem gewissen Maß Kontakt zu und Kontrolle über solche Geister und Mächte, die dem Durchschnittsmenschen meist unerreichbar bleiben.

Rasmussen hat den folgenden Bericht eines Eskimo-Schamanen aufgezeichnet:

> (Es gibt) eine Macht, die wir Sila nennen und die sich nicht in einfachen Worten erklären läßt. Ein großer Geist, der die Welt und das Wetter und alles Leben auf Erden erhält, ein Geist von solcher Macht, daß er zur

Die Zeichnung nach einem steinzeitlichen Höhlenbild aus Lascaux in Frankreich zeigt die Opferung eines Bisonbullen und einen Schamanen in Trance; links unter ihm liegt sein Vogelstab. Die Seelen des Bison und des Schamanen werden beide frei – die eine durch den Tod, die andere in der Trance. So entsteht Kontakt zwischen Natur und Kultur, zwischen dem Rohen und dem Gekochten. Der Trancezustand des Schamanen wird nicht nur durch seine liegende Haltung angedeutet, sondern auch durch seinen erigierten Penis. Im Verlauf des Ekstaseerlebnisses befruchtet die Seele des Schamanen sich selbst.

2 Laski, *Seeking Life*, S. 128 f.

Menschheit nicht in gewöhnlicher Sprache (spricht), sondern durch Sturm und Schnee und Regen und die tobende See; alle Naturgewalten, die der Mensch fürchtet. Doch er verfügt auch über eine andere Art (sich mitzuteilen): durch den Sonnenschein und die ruhige See, und durch kleine, unschuldig spielende Kinder, die selbst noch nichts verstehen. Kinder hören mitunter eine sanfte, freundliche Stimme fast wie die einer Frau. Sie ertönt ihnen auf geheimnisvolle Weise, doch so sanft, daß sie darüber nicht erschrecken; sie hören nur, daß irgend eine Gefahr droht. Und wenn sie nach Hause kommen, erzählen die Kinder (beiläufig) davon. Es ist dann die Aufgabe (des Schamanen), die entsprechenden Schutzvorkehrungen gegen die Gefahr zu treffen. Ist alles in Ordnung, so sendet Sila der Menschheit keine Zeichen, sondern zieht sich fern und fremd in sein eigenes ewiges Nichts zurück. Dort verweilt er so lange, wie die Menschen das Leben nicht mißbrauchen, sondern ihre tägliche Nahrung achten...

Niemand hat Sila je gesehen; der Ort seines Aufenthalts ist ein Geheimnis, denn er weilt zugleich unter uns und in unaussprechlicher Ferne.[1]

Dieses besondere und geheiligte Wissen um das Universum ist in Liedern und Sprechgesängen, Gedichten und Erzählungen, Schnitzereien und Malereien zum Ausdruck gebracht. Dies ist keine Kunst um der Kunst willen, sondern eher eine Kunst um des Überlebens willen, denn sie gibt dem Unbegreiflichen und Unfaßbaren Form und klare Bedeutung. Indem der Schamane das Unbekannte ›schafft‹, gewinnt er ein gewisses Maß an Kontrolle über die furchtgebietenden Mächte des *Mysteriums*.

Magie und das Übernatürliche dienen dem Schamanen als Mittel zur Kontrolle über einen Kosmos der Ungewißheit. Natürliche und übernatürliche Vorgänge vermischen sich in der Person des Schamanen. Der Zauberer besitzt die Kraft und das Wissen, das Ungewisse und das Vorhersagbare ins Gleichgewicht zu bringen. Mag der Schamanennovize auch anfangs die Elemente und die Ahnengeister herausfordern, so führt doch allein Disziplin und Gehorsam gegenüber der höheren natürlichen Ordnung zur Gemeinschaft mit dem Übernatürlichen.

In der folgenden Erzählung der südkalifornischen Chumash gelangt denn auch der Novize zu dieser Gemeinschaft auf dem Weg über Krankheit, Einsamkeit, Auflehnung und Kapitulation:

Vor langer, langer Zeit lebte ein Schwindsüchtiger namens Axiwalic. Obwohl er viele Arzneien nahm, um sich von der Krankheit zu heilen, schien sein Zustand sich nie zu bessern. Nach einer Weile begann er zu verzagen und glaubte, nie mehr gesund zu werden, so schwer war seine Krankheit. Das erschien umso sonderbarer, als Axiwalic ein Zauberer war, der wieder und wieder all seine Macht zu seiner eigenen Heilung aufgeboten hatte. Schließlich sah Axiwalic ein, daß nichts mehr half, und er verließ sein Dorf, um sich einen Ort zum Sterben zu suchen.

Er kam ans Meer und begann, an der Küste entlangzuwandern. Als die Nacht anbrach, rastete er, und als er so dasaß und wartete, sah er etwas Merkwürdiges: Ein Licht trat aus der Felswand einer nahen Klippe heraus, tanzte ein Weilchen umher und kehrte dann in den Felsen zurück. Axiwalic saß da und staunte über das kleine Licht. Bald darauf kam das Licht abermals hervor, und der Kranke sprach zu sich selbst: »Ich werde es ergreifen; ich werde es fangen mit meiner Kraft.«

Das Licht schwebte zu ihm hin, und er packte es mit seiner Zauberkraft, so wie man eine Motte mit einem Taschentuch fängt. Da schrie das kleine *Pelepel* (das *Pelepel* gleicht einem Jüngling, leuchtet aber wie ein

[1] Rasmussen, *Across Arctic America*, S. 385 f.

Licht): »Laß mich los!« Es wollte freigelassen werden, damit es heimkehren konnte.

Als Axiwalic das hörte, flehte er das *Pelepel* an, es nach Hause begleiten zu dürfen. Aber das *Pelepel* sagte zu dem kranken Zauberer: »Das ist unmöglich. Du kannst nicht durch die kleine Öffnung.«

Axiwalic wollte aber nichts davon hören. Er bestand darauf, das *Pelepel* nicht eher freizulassen, bis es ihn mitnehmen würde. Darüber kam es zu einer schrecklichen Auseinandersetzung. Hin und her, hin und her ging der hitzige Streit. Aber Axiwalic ließ sich nicht abbringen. Schließlich gab das *Pelepel* nach und willigte ein, den Kranken durch das kleine Loch im Felsen zu führen.

So begann die Reise. Die beiden betraten die Öffnung und Axiwalic fand sich mit dem *Pelepel* in einem langen Tunnel, den sie hintergingen. Am Ende des Tunnels kamen sie an ein großes Haus, in welchem das *Pelepel,* das kleine Licht, verschwand.

Axiwalic setzte sich nieder und schaute sich um, denn er wollte herausfinden, wo er war. In dem großen Haus sah er viele Tiere. In seiner Nähe lag regungslos ein alter Hirsch, ebenso ein Biber, dessen Kopf von einer Hagelwolke umgeben war. Und es gab dort viele Rehe und Vögel, und sie sprachen nicht mit ihm.

Bald kamen noch andere Tiere in das große Haus, alles Lebewesen, die auf vier Beinen gehen – Steppenwölfe, Bären, Wildkatzen und viele andere. Und alle diese Vierbeiner verrichteten ihre Notdurft auf ihm, bis er gänzlich mit Kot bedeckt war. Und immer noch waren die Tiere stumm, während Axiwalic dasaß und schweigend zuschaute.

Schließlich kam der alte Hirsch zu ihm und fragte: »Weshalb bist du hier?« Axiwalic antwortete: »Ich bin ein kranker Mensch und kann nicht gesund werden.«

Da sprach der alte Hirsch zu Axiwalic: »Wir werden eine Fiesta veranstalten, und wir werden dich baden.«

Also bereiteten die Vierbeiner alles vor, was sie für die Fiesta brauchten, und als sie vorüber war, versammelten sie sich, um ihn zu baden. Als er gereinigt war, genas er, sein Appetit kam zurück und er begann zu essen.

Dann sprach der alte Hirsch, der ihn geheilt hatte, zu Axiwalic: »Wir werden dich nun wieder deiner Welt zurückgeben.«

So wurde Axiwalic in sein Dorf zurückgebracht. Diesmal aber schickten sie ihn nicht durch den langen Tunnel, sondern er passierte eine Quelle und gelangte so wieder in die Welt der Seinen. Als er in das Dorf kam, erkannten ihn alle und riefen voller Freude: »Er, den wir für tot gehalten hatten, ist geheilt zurückgekehrt!«

Dann erzählte Axiwalic den Leuten alles, was ihm begegnet war – das kleine Licht, das aus der Felsenöffnung kam, der Tunnel, das große Haus voller Vierbeiner, die ihn verunreinigten, die Fiesta und das Bad und schließlich die Rückkehr durch die Quelle. Als er seine Erzählung beendet hatte, erfuhr er zu seiner Verwunderung, daß er drei lange Jahre fortgewesen war. Er war darüber sehr verwundert, denn er glaubte, er sei nur drei Tage fort gewesen.[2]

Drei Tage tot, drei Jahre tot, wie das Dunkel des Mondes – das ist die Zeit des Innehaltens zwischen der persönlichen Vergangenheit und einem klar erkannten überzeitlichen Leben. Träume und Visionen, Wahn und Krankheit verursachen den Verlust der Seele des Novizen. Die Seele, auf diese Weise befreit von dem der Zeit unterworfenen sterblichen Körper, ist offen für Unterweisung und schließlich für die Verwandlung. Sie vermag in der

2 Nach Blackburn (Hrsg.), *December's Child*, S. 233 f.

Trommel, Tanz und Schamanenmaske verweisen auf ein übernatürliches, überzeitliches Erlebnis der Ekstase, das die Verbindung zum Übernatürlichen öffnet. Auf diese Weise steht der Schamane oder die Schamanin außerhalb dessen, was er oder sie im alltäglichen Leben ist, um zum Mittler zwischen den ungebändigten Mächten der Natur und der menschlichen Gemeinschaft zu werden. (Zeichnung nach einem Felsbild, Onega-Gebiet, UdSSR, ca. 5000-1500 v. Chr.)

3 Eliade, *Schamanismus*, S. 94 f.
4 Philippi, *Songs of Gods, Songs of Humans*, S. 45
5 ebd., S. 59

körperlosen Welt der Geister ihre Ebenbilder zu erkennen. Dies ist das wesentliche Merkmal echter schamanischer Berufung. Mit den Toten Kontakt zu haben, sagt Mircea Eliade, heißt selbst tot zu sein. In Sibirien ebenso wie in Australien und beiden Amerikas muß der Schamane sterben, um mit den Seelen im Jenseits in Verbindung treten zu können. Es ist auf diese Weise, daß die Schamanen unterrichtet werden, denn die Toten wissen alles.[3] So helfen die Toten dem Schamanen, selbst ein Toter zu werden – damit er oder sie selbst das Stadium eines Geistes erlangt.

In den schamanischen Séancen wird Kontakt mit Tieren und Geistern aufgenommen, mit außermenschlichen Wesen also; im Trancezustand ist das religiöse Medium von Göttern und Geistern besessen, die durch ihn oder sie göttliche Botschaften übermitteln. Der Schamane wird zum Kommunikationsweg, zum Botschafter zwischen den Welten. Zu diesem Zweck bedienen sich die Geister vorübergehend oder ständig seiner oder ihrer Person.

Bei den Ainu des japanischen Hokkaido gelten die von Schamanen gesungenen Heldensagen als Lieder, welche einst die Götter den Göttern und schließlich auch den Menschen sangen. Die Verwendung des Ich-Erzählers in diesen Epen ist ein alter Kunstgriff, mit dem die Schamanen für die Götter und die Götter durch die Schamanen sprechen.

In diesen großen Epen sind die Schamanen der Ainu (häufig Frauen) umgeben von Bundesgenossen aus der Welt der Geister: »Ihre sichtbaren Geistergefährten/ waren um sie versammelt/ dunkel/ wie eine Schar Fledermäuse/ und ihre unsichtbaren Geistergefährten/ funkelten/ über ihrem Haupt/ wie leuchtende Sterne.«[4] Der Ainu-Forscher Donald Philippi hält die Dichtung der Ainu im wesentlichen für Selbstdarstellung. In den Séancen tritt angesichts der beschworenen Helden und Heldinnen, Götter und Geister das Ich des rezitierenden Schamanen in den Hintergrund.

Nach dem Weltverständnis der Ainu-Schamanen werden alle nichtmenschlichen Wesen als Götter *(Kami)* gesehen, das heißt als »nichtmenschliche Wesen mit übernatürlichen Eigenschaften, die dennoch ganz auf Menschenart in ihren eigenen Götterwelten leben. Sie bleiben zwar dem menschlichen Auge unsichtbar, teilen jedoch mit den Menschen das gleiche Gebiet und statten ihnen häufig unter allerlei Verkleidungen Besuche ab. Auch die Tiere sind solche maskierten Götter.«[5]

Für die Ainu ist also die Welt ein von Menschen und Göttern gemeinsam bewohntes Gebiet; die Götter sind verkörpert in der Natur. Das Überleben der Menschen hängt ganz und gar von den Göttern ab. Beide Bereiche stehen in einem Abhängigkeitsverhältnis zueinander. Nur der Schamane kann sowohl als Gott wie auch als Mensch handeln, er ist gleichsam ein Mischwesen zwischen den Welten und zugleich Botschafter der Götter. Er oder sie bewirkt eine gegenseitige Durchdringung der getrennten Welten.

Die Welt der Menschen in ihrer Verbindung mit den Naturverwandtschaften – das eben ist jene Ganzheit, nach der der Schamanennovize strebt. Der Schamane oder die Schamanin besitzt die Fähigkeit, sich in ein Geisterwesen zu verwandeln. Beim Übergang von einem in den anderen Zustand wird große Kraft wirksam. Insofern, als die Schamanen nach Vollendung eines Trancezyklus ihre menschlichen Eigenschaften wiedergewinnen, handelt es sich bei dem vorübergehenden Verlust ihres Menschseins um einen revolutionären Vorgang.

Die Tschuktschen bezeichnen Schamanen, deren Berufung auf eigener Eingebung beruht, als »Die mit den Geistern«. Die Berufung zeigt sich oft schon in jungen Jahren, meist während der kritischen Zeit der Pubertät. Die Tschuktschen sagen, daß man einen potentiellen Schamanen am Blick seiner Augen erkennt. Er schaut während eines Gesprächs den Zuhörer nicht direkt an, sondern scheint seinen Blick auf etwas Entferntes zu richten. Auch haben seine Augen ein seltsames Leuchten, eine besondere Helligkeit, die es ihm erlauben, Geister und andere, gewöhnlichen Menschen verborgene Dinge zu sehen.

Die Tschuktschen kennzeichnen die psychologische Verfassung der Schamanen und auch die der Geister mit dem Ausdruck »verschämt«. Sie wollen damit laut Bogoras die hochsensible seelische Verfassung der Schamanen und das scheue Wesen der Geister beschreiben. »Ein Schamane von großer Kraft wird sich hüten, unter Fremden seine Fähigkeiten zu zeigen. Er scheut Fremde, ungewohnte Häuser, ›fremde‹ Trommeln und Amulette, welche die Leute in ihren Beuteln verstecken, sowie herumspukende ›Geister‹. Der leiseste Zweifel, ein noch so leichtes abschätziges Lächeln genügen, und er bricht seine Handlung ab und zieht sich zurück.«[6]

Der Tschuktschen-Schamane glaubt, daß die *Kelet* oder Geister ebenso Teil der Wildnis sind wie die wilden Tiere. Darum sind sie auch so »flüchtig«. Die *Kelet* in Tiergestalt sind am scheuesten. In einer Erzählung der Tschuktschen kommt ein Schnupfen-*Kelet* vor, der seinen ganzen Mut zusammennehmen muß, bis er wagt, eine menschliche Behausung zu betreten. Er muß mehrmals ansetzen, bis er schließlich seine Schüchternheit überwindet. Als er von einem Schamanen gefangen wird, fleht er jämmerlich um seine Freiheit.

Auch in anderen schamanischen Kulturen finden sich solche sensiblen Geister und Seher. Die mexikanischen Huichol meinen beispielsweise, daß der Schamane in Peyote-Trance äußerst »empfindsam« sei. Bei geöffneter und verwundbarer Psyche kann die Seele leicht geraubt werden oder sich davonstehlen, und der Mensch wird, wie die Tschuktschen sagen, »weich zum Sterben«.

Die Tschuktschen sind der Meinung, daß die Berufung zum Schamanismus, wenn man sich ihr verweigert oder widersetzt, zum Tode führen kann. Dennoch kommt es oft zu heftigem Widerstand gegen diese Berufung. Die Tschuktschen sprechen davon, daß manche »zur Inspiration verurteilt« seien. Sie wissen, wie gefährlich der Schamanenberuf ist.

Zwar ist die Reise voller Gefahren, doch die Fähigkeit des Schamanen, in eine besondere und außergewöhnliche Beziehung zu den Elementen, zur Natur und zu den Geistern der unsichtbaren Welt zu treten, macht ihn zu einem unschätzbar wertvollen Mitglied seiner Gemeinschaft. Das Wissen und das Amt des Schamanen oder der Schamanin vermögen gesellschaftliche oder naturbedingte Krisen zu lindern und die Überlebenschancen zu steigern.

Selbstbeherrschung, Disziplin und Erkenntnisfähigkeit des Schamanen können selbst relativ banale Situationen erträglicher gestalten. Einmal, als der Medizinmann der Tscherokesen, Rollender Donner, Kräuter sammelte, umtanzte ihn ein Mückenschwarm, ohne ihn je zu berühren. Er erläuterte das wie folgt: »Mosquitos werden dich nicht belästigen, werden dich nicht einmal berühren, wenn du fähig bist, deine guten Grundstimmungen beizubehalten. Solche Stimmungen erzeugen bestimmte Schwingungen und Körpergerüche, die die Mosquitos fernhalten können. Du kannst einen Eigengeruch erzeugen, den sie beim besten Willen nicht ertragen können ... Du kannst deine ganze Situation durch den Geruch, den du ausströmst und durch die Schwingungen, die du erzeugst, unter Kontrolle halten. Diese Art von Steuerung ist keine einfache Sache, aber sie ist auch nichts Unmögliches, weil du es ja selbst in die Hand nehmen kannst ... Alles geschieht von innen heraus.«[7]

Das simple Kunststück, Mücken durch die Ausstrahlung eines bestimmten Geruchs von sich fernzuhalten, ist nur eins von zahllosen Beispielen für

6 Bogoras, *The Chukchee*, S. 416
7 Boyd, *Rolling Thunder*, S. 127

das außergewöhnliche Talent der Schamanen zu Kontrolle und Täuschung. Mancher, der schamanische Séancen beobachten konnte, hat später im Lauf der Jahre daran gezweifelt, daß Schamanen wirklich die Fähigkeit besitzen, das Wetter zu beeinflussen, chirurgische Eingriffe vorzunehmen, Krankheiten auszusaugen, Gegenstände zu materialisieren oder an entfernten Orten zu bewegen, die Zukunft vorauszusagen und das Unbekannte zu erkennen. Waldemar Bogoras entwickelte auf seinen Reisen durch Sibirien eine eher zynische Haltung gegenüber den Schamanenzauberern. Die Begegnung mit einem alten Schamanen auf der St. Lorenz-Insel überzeugte ihn aber schließlich doch davon, daß es mit diesem achtzigjährigen Zauberer eine besondere Bewandtnis hatte:

Im Jahre 1901, als ich unter den Eingeborenen der Beringsee arbeitete, überquerte ich mit einer Gruppe asiatischer Eskimo den Kanal zur St. Lorenz-Insel, die zu den Vereinigten Staaten gehört. In dem Dorf Chibukak wohnte ich im unterirdischen Hause eines gewissen Abra. Er war ein ziemlich klappriger alter Mann von vielleicht achtzig Jahren; bei diesen Eingeborenen kommt weißes Haar erst in sehr hohem Alter vor. Abra entstammte einer alten Schamanenfamilie. Der Name seines Großvaters, ebenfalls Abra, war sogar berühmt in den Geschichten seines Stammes, von denen ich einige aufschreiben konnte. Ich bat Abra, mir seine Schamanenkünste zu zeigen, aber aus Angst vor dem amerikanischen Baptistenpfarrer, der zugleich oberster (und einziger) Beamter, Arzt und Schulmeister des Dorfes war, lehnte er ab. Ich erhielt dann von dieser kirchlichen und weltlichen Respektsperson die Genehmigung zu einer schamanischen Séance, mußte allerdings versprechen, daß kein Eingeborener an dem teuflischen Vergnügen teilnehmen würde. Was den alten Schamanen und mich betraf, so folgerte der Amerikaner vermutlich, daß unsere ohnehin verdammten Seelen kaum weitere Gefahren heraufbeschwören konnten.

Wir waren also allein, der Schamane und ich, in der Schlafkammer seines unterirdischen Hauses. Abra hatte fast alle Kleidung abgelegt. Er nahm meine beste doppelte amerikanische Wolldecke und legte sich zwei ihrer Zipfel auf die nackten Schultern. Die beiden anderen Ecken gab er mir zu halten. »Nicht loslassen!« warnte er und begann langsam aus der etwa drei Meter breiten Schlafkammer herauszukriechen. Die Decke schien durch seltsame Kräfte an seinen Schultern zu haften. Sie spannte sich, und ich fühlte, wie die Ecken, die ich hielt, meinen Händen zu entgleiten drohten. Ich stemmte mich mit den Füßen gegen einen quer über den Fußboden laufenden Balken, aber die Spannung der Decke riß mich fast hoch, und zwar ganz gegen meinen Willen. Dann, mit einer heftigen Bewegung, steckte ich unvermittelt die Arme samt Decke tief hinter den Holzrahmen, der die Lederverkleidung der Kammerwand hielt. Die Schlafkammer und ich wurden gewissermaßen eins. »Jetzt wollen wir doch mal sehen«, dachte ich.

Die Spannung nahm weiter zu, und siehe da, die ganze gerahmte Wand hob sich zu beiden Seiten rechts und links von mir. Der Mondschein flutete ins Haus und vertrieb die Dunkelheit. Ein flacher Bottich mit Wasser und halbgetautem Schnee, der zu meiner Rechten stand, stürzte um, und eiskaltes Wasser lief mir über die Knie. Rechts von mir fiel ein Stapel Eisentöpfe, Eßschalen, Schöpfkellen und Löffel mit großem Krach und Geklapper in sich zusammen. Ich dachte, mir würde jeden Moment das ganze Haus um die Ohren fliegen, und aus purem Selbsterhaltungstrieb ließ ich die Decke fahren. Wie ein Stück Gummi sprang und hüpfte sie durch den Raum. Schlagartig kam ich zu mir und sah mich um. Es gab keinen Mondschein in der Kammer. Der Wasserbottich stand da, wo er hingehörte, ebenso die Töpfe und Teller. Es war alles in bester Ordnung. Der Schelm von einem alten Schamanen hatte mir seinen Willen aufgezwungen und all die seltsamen Dinge vorgegaukelt.

Ich fand dieses saubere Kunststückchen umso beachtlicher, als er es an einem Skeptiker wie mir ausprobiert hatte, der doch gewissermaßen mit einer Haltung persönlichen Widerstands an die ganze Sache herangegangen war. Dazu kam, daß in unserem Fall die übliche Menge der Gläubigen gefehlt hatte, die dem Schamanen sonst gewaltig den Rücken stärkt. Abra war es gelungen, im Alleingang meinen Willen und Verstand zu überwinden. Und nun rief er mit einem gewissen Übermut in der Stimme vom Vorraum her: »Aber die Decke gehört mir!« Gegenstände nämlich, die durch Geisterhand gegangen sind, werden für den Gebrauch gewöhnlicher Menschen untauglich, wenn nicht gar gefährlich, und man muß sie dem Schamanen überlassen.[8]

DER HEILIGE WEG DES VERWUNDETEN HEILERS

Eine Felsenzeichnung auf Granit zeigt oben den Donnervogel und darunter einen Bären-Schamanen mit seinem Gehilfen. In vielen amerikanischen Eingeborenenkulturen wurde Bärenmedizin als besonders wirksam angesehen. Vielen alten Völkern der Erde galt der Bär als Ahne und Gott, als Totem und Schutzpatron, als Heiler und Geliebter. (Zeichnung, nach Campbell Grant, *Rock Art of the American Indian*, von einem Felsbild aus Medicine Rapids, Saskatchewan)

[8] *Asia*, New York 1929 (XXIX), Nr. 4, S. 335 f.

[1] Boas, *Kwakiutl Ethnography*, S. 125

Die Welt der Visionen öffnet sich dem Schamanen, wie wir gesehen haben, durch überpersönliche Erkenntnisse. Diese werden ihm infolge einer Krise bewußt, in deren Verlauf er Tod, Wiedergeburt und die Verwandlung seiner weltlichen in eine religiöse Person erlebt. Viele Novizen erwachen zu dieser Erkenntnis, während sie in einem Traumnetz gefangen sind, wo ihnen tiergestaltige Lehrer und Geister aus dem Jenseits erscheinen.

Religiöses Wissen wird häufig in Träumen und Visionen erworben. Dort erfährt man die Regeln, Gebote und Tabus des inneren Lebens und einer höheren natürlichen Ordnung. Der geheime Plan des Kosmos wird erkannt. Wiederholt muß man die Pfade ins Reich des Todes und zurück gehen. Tiergestaltige Lehrer verkünden in Gesängen die Geheimnisse des Göttlichen. Der überall gegenwärtige, nirgends sichtbare Geist der Nacht offenbart sich. Begleitet von einem Schutzgeist, wandert die Pilgerseele des Träumers von einem heiligen Berg zum andern. In das Traumnetz zauberhaft verwoben sind die Eule, der Steppenwolf, der Fuchs, der Bär, die Schlange, der Seehund, der Frosch und die Eidechse. Die Geister gestorbener Verwandter erscheinen und teilen dem Träumer seine Berufung mit. Grüne Zwerge, Pilzmenschen, Narren und Geisterärzte schleichen sich zur Traumtür herein und spornen den Träumer an, seine Reise fortzusetzen.

Die Kwakiutl von der amerikanischen Nordwestküste sagen: »Der Träumer ist ein Geschöpf der Schamanen, denn er horcht immer darauf, was die Kranken erzählen, wenn sie zeigen, wo es ihnen wehtut. Die Träumer merken sich das alles und sagen es den Schamanen ihrer Numayma (Dorfgemeinschaft). Aus diesem Grund nennen wir den Träumer das Auge des Schamanen.«[1]

In Völkern, denen unalltägliche Wirklichkeiten nicht fremd sind, entsteht das Bedürfnis, überall kosmische Strukturen zu erkennen und zu beschreiben. Viele schamanische Kulturen gehen von einem dreifach geschichteten Universum aus: Die Mittelwelt ist die uns bekannte Welt des menschlichen Alltags; die Schicht darunter, die Unterwelt, hat mit den Toten und den gefährlichen Geistern zu tun; und die Oberwelt, das Himmelreich, ist die Wohnung der Sonne, das Reich des transzendenten Bewußtseins.

Schamanische »Reisende« beschrieben die Unterwelt in schillernden Farben als einen verhängnisvollen und grausigen Ort. In zahlreichen arktischen Überlieferungen gleicht das Reich der Toten der Welt der Lebenden, außer daß dort alle Dinge auf dem Kopf stehen oder das Innere nach außen ge-

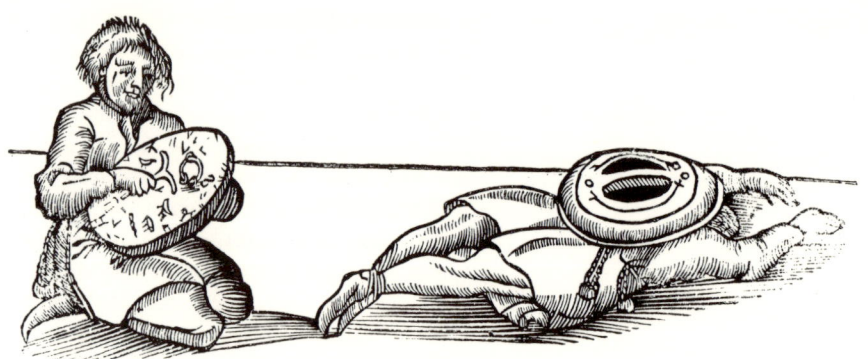

Ein Lappen-Schamane *(noidde)* liegt in Trance unter seiner Trommel, während seine Seele ins Jenseits reist. In einigen Berichten fliegt die Seele des Schamanen als Wirbelwind oder Feuer ins Jenseits. Mit der Trommel erregt sich der *noidde*, auch dient sie ihm zum Wahrsagen. (Aus J. Schefferus, *Lapponia*, 1673)

kehrt ist. Der Tod ist die Umkehrung des Lebens. Nach der Überlieferung der sibirischen Samojeden wachsen in der Unterwelt die Bäume mit der Krone nach unten, geht die Sonne im Osten unter und im Westen auf und fließen die Ströme zur Quelle hin. Die Welt, die Lebensabschnitte, die menschlichen Alltagsverrichtungen – alles erscheint verkehrt wie das Spiegelbild auf der Wasserfläche eines stillen Teiches.

Für die Finnen ist das Haus der Toten aus Frauenhaar gezimmert und von Männerknochen getragen. Um in das Land der Toten, Tuonela, zu kommen, muß man einen schwarzen Fluß überqueren. Weder Sonne noch Mond scheint auf ihn. Er fließt nach Norden. Durch die Unterwelt vieler Kulturen strömt ein solch trübseliger Todesfluß, und immer wieder begegnen wir dem Bild seines düsteren, kochenden Wassers, worin Arme Seelen sich wie Kröten und Eidechsen in großer Qual winden. Auch eine Brücke zwischen Mittel- und Unterwelt kommt häufig vor, während man nach anderen schamanischen Vorstellungen ein Leichenboot oder ein Geisterkanu braucht, um jenes abgrundtiefe Wasser zu überqueren.

Uno Holmberg beschrieb den Todesfluß der Finnen: In Pohjola fließt ein träger Fluß nach Norden, und »dieser furchtbare Strom schluckt alles Wasser«, dort versinken Bäume und Schilf. Es heißt, die Stromschnellen dieses Flusses seien flammende Strudel. In magischen Liedern wird das Tor nach Pohjola als ein Ort beschrieben, an dem Krankheit und Tod lauern. Bewacht wird das Tor von der bösen Herrin der Unterwelt, die ein Dorf von Menschenfressern regiert. In Pohjola leben jene Menschen, die ohne Krankheit starben, Ermordete, deren Kleider von Blut triefen.[2]

Auf der Reise ins Reich der Toten müssen die Seele und der Schamane manchem Ungemach die Stirn bieten: eisigen Winden, lodernd brennenden Wäldern, aufgewühlten Flüssen und Strömen von Blut. Die Schamanen der sibirischen Golden beschreiben in ihren Liedern und Zeremonien die verschiedenen Stationen dieser Reise. Nach ihrer Überlieferung reitet die Seele eines Gestorbenen auf einem Schamanenrentier, und der Schamane geleitet sie zunächst an die Quelle eines bestimmten Flusses. Dann wandern die beiden über ein steiles Gebirge, durch einen Urwald und wieder auf einen hohen Berg. Danach muß ein gefährliches Moor überquert werden. Weiter führt der Weg an einen reißenden Gebirgsbach, an dessen Uferhängen schöner Wald steht. Dort entdeckt man Zeichen menschlichen Lebens: gefällte Bäume und Spuren frischgezimmerter Boote. Jenseits dieses Waldes liegt das Dorf der Toten.[3]

Die sibirischen Jakuten müssen auf der Reise in die Unterwelt noch größere Gefahren bestehen. Hier muß die Seele oder der Schamane Gurgel und Leib eines Schlangenungeheuers durchqueren. Der Schlund und die Eingeweide dieses Fabelwesens sind mit großen, spitzen Stacheln ausgekleidet, die jeden Reisenden, der keine Schuhe und Kleider trägt, zerreißen würden.

Der Schamane der sibirischen Altaier muß durch finsterste Wälder und

2 Holmberg, *Mythology of All Races*, Bd. 4, S. 51–81
3 ebd., S. 484 f.

über höchste Gebirge. Auf seiner Reise sieht er überall die Knochen von Schamanen und ihren Reittieren liegen, denn mancher ist auf seinem Weg durch diese Einöde umgekommen. Schließlich erreicht der Schamane eine runde Öffnung im Boden und tritt von dort aus die Reise in die Unterwelt an. Im Reich der Toten wird er von Krankheitsgeistern verfolgt; die Seelen der Missetäter schildern mit wilden Gebärden ihr furchtbares Schicksal. Später begegnet der Schamane dem Herrn der Unterwelt, der wie ein rasender Stier heult und brüllt. Durch Possen und Geschenke besänftigt der Schamane diese furchtgebietende Majestät. Schließlich kehrt der Schamane aus der Unterwelt zurück, und zwar sehr viel eleganter als bei seiner Abreise: Er kommt auf den Schwingen eines wilden Gänserichs geflogen. Erst nachdem er selbst all diese Prüfungen bestanden hat, kann der Schamane die Seelen anderer Menschen retten.

Die Altai-Schamanen bringen ihre Abenteuer in ekstatischen und theatralischen Trancehandlungen zum Ausdruck. Die Reise wird körperlich dargestellt und zugleich im Geist erlebt. Die Darstellung dient dazu, innere Vorgänge zu veranschaulichen, mitzuteilen und schließlich zu exorzieren. Während der Schamane oder die Schamanin Bewußtseinsveränderungen erfährt, gelingt es ihm oder ihr, die aus der Psyche aufsteigenden religiösen Symbole als lebende Bilder darzustellen.

Die Vorstellungskraft des Schamanen – als Künstler und Darsteller – gibt einem unberechenbaren Kosmos Gestalt. Selbst in wildester Initiationstrance dringen aus der Seele gewisse mythologische Schlüsselbilder: Das Chaos wird geordnet; die seelische Verwirrung löst sich zu klarer Form und Gestalt; die Reise findet ihre Zielrichtung. »Der Schamane gibt seiner Kranken eine *Sprache,* in der unformulierte – und anders nicht formulierbare – Zustände unmittelbar ausgedrückt werden können. Und der Übergang zu dieser sprachlichen Ausdrucksform (die es gleichzeitig ermöglicht, eine Erfahrung in geordneter und verständlicher Form zu erleben, die sonst anarchisch und nicht ausdrückbar bliebe) führt zur Lösung des physiologischen Prozesses, das heißt zur günstigen Neuordnung jener Reihe, deren Verlauf die Kranke sich unterwirft.«[4]

Die gesungenen und gedichteten Berichte der Schamanen von ihren inneren Reisen mit ihren Verwirrungen und Qualen fassen wie in einem mythologischen Brennglas einen persönlichen Symbolismus zusammen, dem allgemeingültige menschliche Erfahrungen zugrunde liegen. So dient das kreative Ausdrucksmittel dazu, die menschliche Verfassung herauszustellen, zu mythologisieren und schließlich für alle verständlich zu machen. Auf diese Weise entsteht jene überpersönliche Sprache, welche die intimsten und spannungsreichsten Einzelheiten seelischer Vorgänge ausdrücken kann. Sowohl Claude Lévi-Strauss als auch Clifford Geertz haben nachdrücklich auf den integrativen Aspekt der Sprache der Mythen hingewiesen. Die emotional erfüllte Psyche gibt sich selbst eine Ordnung mittels mythologischer Konzepte, die ein Erklärungsschema bilden, das dem menschlichen Leiden Bedeutung und Richtung verleiht. Das scheinbar Irrationale ist so zwar nach wie vor widersprüchlich, aber es wird immerhin als geordnet erkannt. Das gesellschaftlich Unannehmbare wird zum Stoff eines religiös-sozialen Dramas. Die außerordentlichen Gefahren, denen der Schamane in seinen psychophysiologischen Abenteuern begegnet, werden zunächst erträglich und schließlich ins Heldenhafte verklärt.

Der Schamane hat nun allerdings *keine* Angst vor dem Universum; er zehrt vielmehr von dessen Macht und gestattet dieser Macht, ihrerseits von ihm zu zehren. Dem Schamanennovizen der Eskimo flüstert Sila zu, sich nicht zu fürchten. Nun läßt sich nicht leugnen, daß die Träume und Visionen der Schamanen im allgemeinen elementare Schreckensbilder enthalten.

[4] Lévi-Strauss, *Strukturale Anthropologie,* S. 217

Doch die Erfahrung der Vernichtung mündet in einen Lernprozeß; die Zerstückelung des Kandidaten durch gefräßige Ungeheuer ist die Voraussetzung für seine erneute Geburt auf einer höheren Seinsebene.

In der folgenden sibirischen Legende wird der Schamane von einem Sonnenvogel geboren, einem Adlerweibchen, der Sendbotin der Sonne. Ihre Federn sind aus Eisen – dem Ursprung des Feuers; denn mit Eisen schlägt man Feuer aus dem Stein. Magie im Zusammenhang mit Metallen deutet auf Bemeisterung des Feuers hin, eine Fähigkeit, die der sibirische Schamane am Ende seiner Initiation erwirbt. Der Kandidat kommt in einer Lärche zur Welt und wird von einer Schamanin aufgezogen, die ihn schließlich hungrigen Dämonen zum Fraß vorwirft. Solche Opferhandlungen und Selbstaufopferungen machen den Schamanen für sein Leben als Auserwählter bereit. Die Jakuten erzählen:

> Die Schamanen werden weit im Norden, an der Wurzel der schrecklichen Krankheiten, geboren. Dort steht eine Lärche, auf deren Zweigen viele Nester in verschiedener Höhe liegen. Die größten Schamanen werden im Wipfel des großen Baumes aufgezogen, die mittleren in halber Höhe, die kleinen Schamanen auf den unteren Zweigen.
>
> Man erzählt, zuerst fliege ein großer Vogel, einem Adler ähnlich, mit eisernen Federn zu diesem Baum, setze sich auf ihn und lege ein Ei. Dann brüte dieser Vogel das Ei aus. Wenn ein sehr großer Schamane ausschlüpfen soll, brüte er drei Jahre, wenn ein kleiner, ein Jahr.
>
> Dieser Vogel heißt »Tiermutter« und zeigt sich im ganzen dreimal. Das erste Mal, wenn sie einen Schamanen gebiert, das zweite Mal, wenn sein Werdegang durch Zerlegung seines Körpers beendet wird, zum dritten Mal, wenn der Schamane im Sterben liegt.
>
> Wenn der Schamane – seine Seele – aus dem Ei kriecht, dann übergibt ihn dieser Vogel einer Geister-Schamanin mit Namen Bürgästej-Udagan, die ein Bein, eine Hand, ein Auge besitzt. Diese Schamanin bettet den Schamanen in eine eiserne Wiege um, schaukelt ihn und zieht ihn mit eingedickten Stücken geronnenen Blutes auf.
>
> Wenn die Aufzucht in der Wiege beendet ist, wird der künftige Schamane drei schwarzen, dürren Geistern übergeben, die sein Fleisch in Stücke hauen. Den Kopf des Schamanen stecken sie fürs erste auf eine Stange. Dann streuen sie das zerhauene Fleisch wie ein Opfer nach allen Seiten aus. Drei andere Geister werfen dabei die Kinnlade des Schamanen als Orakel für die Ursprünge aller Nöte und Krankheiten. Wenn der Orakelknochen in die normale Lage fällt, dann heißt das, von dieser Krankheit kann der Schamane die Menschen erretten.[5]

Bei den Jakuten meinen die alten Leute über die Heilkraft des Schamanen: »Er hilft unter der Voraussetzung, daß die Quelle einer bestimmten Krankheit, der böse Geist, seinen Anteil, einen Teil seines Fleisches bekommen hat.«[6] Große Schamanen erleiden die Zerstückelung dreimal, kleine nur einmal. Riesige Scharen gieriger Krankheitsdämonen sammeln sich um den Novizen, hacken ihn in kleine Stücke und teilen diese unter sich auf. »Manchmal soll es vorkommen, daß das Fleisch eines Schamanen nicht für alle Leiden und Krankheiten reicht. Dann soll ihm zugestanden sein, aus Anlaß derjenigen Krankheiten, die nicht mit Stücken seines Fleisches bedacht werden konnten, lediglich einmal zu schamanisieren.«[7]

Haben die Dämonen beispielsweise Fleisch vom Bein des Schamanen gegessen, dann kann er Beinleiden kurieren; wenn sie seinen Bauch essen, erlangt er die Fähigkeit, Darmerkrankungen zu heilen; verschlingen die Dämonen sein Ohr, kann er Gehörstörungen korrigieren.

Die Dayak auf Borneo glauben, daß die Seele eines Toten als Biene ins Jenseits fliegen kann. Der Gedanke, daß die Seele Tiergestalt annimmt, lebt in verschiedenen Teilen der Erde bis hin nach Mexiko. (Zeichnung nach Eliot, *Mythen der Welt*)

5 vgl. Lommel, *Schamanen und Medizinmänner*, S. 76 f.
6 ebd., S. 81
7 ebd., S. 76 f.

Lev Sternberg konnte während seiner Feldforschungen in Ostsibirien zu Beginn unseres Jahrhunderts zahlreiche Berichte von Schamanen über ihre psychophysiologischen Erlebnisse sammeln. Ein Giljaken-Schamane, den Sternberg kannte, erzählte folgendes: Bevor er Schamane wurde, war er fast drei Monate lang krank gewesen. Während dieser ganzen Zeit lag er bewegungslos in einer tiefen Ohnmacht. Als er, erschöpft durch das Koma, dem Tod nahe war, begann er zu träumen, er sänge Schamanenlieder. Eines Abends erschien dicht hinter ihm eine weiße Eule mit einem Mann, der zu ihm sagte: »Mach dir eine Trommel und all die anderen Dinge, die ein Schamane braucht. Singe Schamanenlieder. Nie wieder wirst du ein gewöhnlicher Mensch sein können. Wenn du die Berufung annimmst, wirst du ein Schamane werden.« Der Kandidat wußte nicht, wie lange er geschlafen hatte. Als er erwachte, spürte er, daß man ihn über ein Feuer hielt. Seine Angehörigen glaubten, die Geister hätten ihn getötet. Er gab seinen Angehörigen dann den Auftrag, ihm eine Trommel zu geben und begann zu singen. Furcht und Zweifel waren verschwunden.

Der Schamane erleidet also ohne Angst den Tod, um Kontrolle über die Elemente und das Reich des Chaos zu gewinnen. Wegen seiner Krankheit zieht er sich in die Einsamkeit zurück und öffnet sich damit der inneren Initiation. In diesem Fall entsteht der Mythos auf dem Nährboden eines kranken Körpers und Geistes.

Ein Schamane aus dem Yaralde-Stamm in Australien beschreibt die Schrecken seiner Initiation:

Wenn du dich niederlegst, um die vorgeschriebenen Visionen zu sehen, aber du kannst nichts erkennen, dann sei nicht erschrocken, denn sie sind entsetzlich. Ich kann sie schwer beschreiben, obwohl ich sie im Kopf und in meiner *miwi* (Psyche) trage und auch auf dich übertragen könnte, wenn du sorgfältig eingeweiht wärest.

Jedenfalls sind manche böse Geister, manche wie Schlangen, manche wie Pferde mit Menschenköpfen, und manche sind Geister böser Menschen, die wie loderndes Feuer aussehen. Man sieht sein Lager brennen und das Blutwasser steigen, es gibt Donner, Blitz und Regen, die Erde bebt, die Berge wanken, das Wasser schäumt, und die stehengebliebenen Bäume neigen sich hin und her. Hab keine Angst. Wenn man aufsteht, sieht man diese Bilder nicht, aber legt man sich nieder, dann sieht man sie, außer wenn man sich zu sehr fürchtet. Tut man das, dann zerreißt man das Netz (oder den Faden), an dem diese Bilder hängen. Man sieht Tote, die sich einem nähern, und man hört ihre Knochen rasseln. Wenn man das alles ohne Furcht hört und sieht, wird man sich nie mehr vor etwas fürchten. Auch werden sich diese Toten einem nie wieder zeigen, denn die *miwi* ist jetzt stark geworden. Man ist jetzt mächtig, weil man diese Toten gesehen hat.

ZUFLUCHT IM PARADIES

Über den kosmischen Baum, ein Symbol der ewigen Erneuerung, steigen manche Schamanen aus den Tiefen der Unterwelt empor. Dieser mächtige Baum steht mitten im Zentrum des Universums und lenkt den Blick der Völker himmelwärts auf das ewig Heilige.

Alles Leben stammt aus dem Urwasser, welches aus dem Baum fließt und sich um seine Wurzeln sammelt. Dieses lebenspendende Wasser ist grenzenlos und kreist durch die gesamte Natur. Dieses Wasser ist stets in Bewegung, es ist Anfang und Ende allen Daseins, eine nährende und lebenerhaltende Stammutter. Der Weltenbaum mit seinem milchig-goldenen

Saft steht für die »absolute Wirklichkeit«, für die Rückkehr zur Mitte und zum Ausgangspunkt, zur Heimat des heilenden Wissens.

Nach Uno Holmberg gibt es in der Überlieferung der Jakuten einen mächtigen Baum mit acht Ästen, der auf dem gelben Nabel der achteckigen Erde steht. Rinde und Knorren des Baumes sind aus Silber, sein Saft ist goldfarben, und an seinen Ästen hängen Trichter wie neuneckige Pokale. Die Blätter dieses Wunderbaumes sind breit wie Pferdehäute. Aus seiner Krone rinnt dampfender Goldsaft, und wer von dem himmlischen Nektar trinkt, dessen Durst wird gelöscht, dessen Hunger gestillt.

Dieser Baum mit seinem lebenspendenden Wasser hält alle Welten zusammen. Die Wurzeln des Weltenbaumes dringen in die Tiefe der Unterwelt. Der Stamm ragt quer durch die Mittlere Welt. Die Krone schließlich ragt hinauf ins Himmelreich.

In »vielen archaischen Traditionen«, schreibt Eliade, (führt) »vom kosmischen Baum ... eine Verbindung ... zur Idee der Schöpfung, der Fruchtbarkeit, der Initiation und letzten Endes zu der Idee der absoluten Realität und der Unsterblichkeit ... Der Weltenbaum wird in der Tat als *lebendiger und lebendig machender* Baum vorgestellt.«[1] Ähnlich dem Bo-Baum, unter welchem der Buddha Erleuchtung fand, oder dem heiligen Baum der Hindus, der Yama, dem ersten Menschen, Schatten spendete, als er mit den Göttern trank, strömt auch aus dem kosmischen Baum die nie versiegende Quelle menschlichen Lebens, welche Unsterblichkeit verleiht. Er ist ein *arbor vitae,* ein Baum des Lebens und zugleich ein Baum der Erkenntnis. Durch den Körper des Baumes sind Leben und Tod, Himmel und Unterwelt miteinander vereint. Die verbindende Bedeutung des kosmischen Baumes zeigt sich auch im Motiv der Schamanenleiter, über die man ins Himmelreich aufsteigt.

Der *rewe* oder geschnitzte Pfahl und die Trommel sind die beiden wichtigsten Hilfsmittel der Schamanen bei den Mapuche in Chile. Die Trommel wird stundenlang geschlagen, was zu tiefer Trance führt. Es ist das Mittel zur Erlangung eines außergewöhnlichen Bewußtseinsstadiums, während der *rewe* Zutritt zum Reich der Geister verschafft. Es heißt, daß die in den gekerbten Pfahl eingeschnitzten Gesichter und Figuren die Geister von Schamanenvorfahren darstellen. (s. S. 85)

Die wichtigste Handlung während der Initiation der Mapuche-Schamanen (normalerweise Frauen) ist das rituelle Ersteigen des *rewe.* Die Rinde eines zwei bis drei Meter langen Baumstammes wird abgeschält, und der Stamm wird eingekerbt, damit er eine Leiter bildet. Vor dem Haus der Schamanen-Novizin wird der Pfahl in den Boden gerammt. Die Kandidatin zieht sich bis auf die Unterkleider aus und legt sich auf eine Lagerstatt, wo eine alte *machi* oder Schamanin sie mit Caneloblättern einreibt und ihr über den Körper streicht. Währen der ganzen Prozedur rezitieren Schamaninnen im Chor Gesänge und läuten Glocken. Nach Alfred Métraux beugen sich die älteren Frauen über die Novizin und saugen so heftig an ihrer Brust, ihrem Bauch und ihrem Kopf, daß Blut fließt.

Am nächsten Tag, wenn die Zeremonie ihren Höhepunkt erreicht, treffen viele Gäste ein. Die Kandidatin nähert sich mit ihren Begleiterinnen dem *rewe,* und die junge Frau, gefolgt von den Stammesältesten, ersteigt die sieben Stufen des Pfahls, während man trommelt und tanzt.

Einem anderen Bericht zufolge werden vor dem Aufstieg Lämmer geopfert. Das Herz eines Opfertieres wird an den Zweig einer Hecke gehängt. Eine Schamanin in tiefer Trance ergreift mit verbundenen Augen ein Quarzmesser und ritzt damit die Kandidatin und sich selbst, so daß beide bluten. Das Blut wird vermischt. Erst dann besteigt die Gruppe der Schamaninnen unter unablässigem Gesang und Trommelschlag den *rewe.* Vor

---

[1] Eliade, *Schamanismus*, S. 261

dem Abstieg vom *rewe* wird der Schülerin eine Pflanzengirlande, die sie um den Hals trägt, und ein blutiges Lammfell abgenommen. Wenn die Gruppe wieder unten angekommen ist, wird die neu eingeführte Schamanin mit lauten Rufen begrüßt. Zum Abschluß des Rituals feiert man ein Fest.

Die Vorschrift, daß während einer schamanischen Initiation Bäume erklettert werden müssen, findet sich sowohl in Malaysia als auch in Sibirien, in beiden Teilen Amerikas und in Australien, wo R. Berndt und A. P. Elkin eine interessante Variante dieses Brauchs beobachtet haben: »Ein Wongaibon lag auf dem Rücken am Fuß eines Baumes. Er sandte seine Nabelschnur hinauf und ›kletterte‹ nach oben – mit nach hinten geworfenem Kopf, gestrecktem Körper, gespreizten Beinen und seitlich anliegenden Armen. Als er in 12 Meter Höhe an der Spitze angekommen war, winkte er den Untenstehenden mit den Armen zu. Dann kam er auf dieselbe Art wieder herunter. Während er noch auf dem Rücken lag, schlüpfte die Nabelschnur in seinen Körper zurück.«[2]

Sowohl dem australischen Medizinmann als auch Schamanen anderer Völker dient mitunter der Regenbogen als eine Brücke zwischen Erde und Himmel. Eliade weist darauf hin, daß die farbigen Bänder, die die sibirischen Buriäten bei ihren Initiationshandlungen verwenden, dort »Regenbogen« genannt werden und die Himmelsreise des Schamanen symbolisieren. Auch auf den Schamanentrommeln verschiedener Kulturen finden sich gemalte Darstellungen des Regenbogens als Brücke ins Jenseits. In der Turksprache ist »Regenbogen« und »Brücke« ein und dasselbe Wort. Bei den sibirischen Juraken-Samojeden heißt die Schamanentrommel »Bogen«. Aus dem gleichen Grunde kann der Schamane oder die Schamanin auf magische Weise mit der Trommel pfeilschnell in den Himmel fliegen. Der kosmische Baum, die Trommel, der Jagdbogen und der Regenbogen werden so alle zu Verbindungswegen ins Jenseits. Das gleiche gilt für Pfeilketten, Ranken, Stränge und Stricke, Stufen und Leitern, Brücken und heilige Berge.

FLIEGEN WIE EIN VOGEL

Am Anfang, so erzählt ein buriätisches Märchen, waren Götter im Westen und böse Geister im Osten. Die Götter schufen die Menschen, die weder Krankheiten kannten noch Tod. Doch durch das Werk der bösen Geister kamen Unglück und Krankheit über die Menschen. Die Götter im Himmel sahen das Leid und sandten einen Adler zur Erde, und er half und schützte. So war der Adler der erste Schamane. Die Leute aber verstanden die Sendung des Sonnenvogels nicht, sie verstanden weder seine Sprache noch sein Verhalten. Daher mußte der Adler ins Himmelreich zurückkehren. Als er zur Wohnung der Götter heimgekehrt war, hieß man ihn, abermals zur Erde zu fliegen und seine Schamanenkraft dem ersten Menschen zu verleihen, dem er begegnen würde. Der Adler machte sich also auf den Rückweg zur Mittleren Welt. Als er an einen Wald kam, sah er unter einem Baum eine schlafende Frau, die ihren Mann verlassen hatte und ganz allein war. Der Adler gab sich ihr, und sie wurde schwanger. Dann kehrte sie zu ihrem Mann zurück und gebar einen Sohn. Das war der erste menschliche Schamane.

Für die Buriäten gilt also der Adler als Urschamane. Die Giljaken kennen sogar nur ein einziges Wort für »Adler« und »Schamane«. Die Ostjaken vom Jenissej glauben, der erste Schamane sei ein doppelköpfiger Adler gewesen. Die Teleuten sagen, der Adler sei ein Schamanenvogel, weil er den Schamanen bei ihrer Himmelfahrt helfe. Einige sibirische Völker brin-

[2] Elkin, *Aboriginal Men of High Degree*, S. 64

Wenngleich es den Eindruck erwecken mag, daß es Schamanen ausschließlich mit ernsten Dingen zu tun hätten, zeugen doch zahllose Beispiele von närrischem Treiben, Scherzen und Schabernack der Schamanen. Hier fliegen zwei Eskimo-Schamanen halb im Scherz, halb im Ernst übers Eis. Der eine kann nicht mithalten, fällt nieder und bittet seinen Rivalen, einzuhalten. (Aus Rasmussen, *Eskimo Folk Tales*)

gen den Adler unmittelbar mit einem Höchsten Wesen, dem Schöpfer des Lichts, in Verbindung. Auch bei den Finnen galt der erste Schamane, Vainamoinen, als Nachkomme eines Adlers. Odin schließlich hieß auch Adler.

Der Adler und der Schamane – beide sind Mittler zwischen Göttern und Menschen. Gezeugt von einem Adlervater, dem Sendboten des Schöpfers des Lichts, wird der Schamane wesenhaft zum Adler und kehrt an den Ort seiner Herkunft zurück. Die Himmelfahrten sind Versuche des Schamanen, sich in einen Vogel zu verwandeln und zu fliegen. Auch der Eskimo-Schamane fliegt als Vertreter der Irdischen in die Ober- und Unterwelt. Meist unternimmt er solche Flüge zum Wohl der Gemeinschaft, manchmal aber auch zum bloßen Vergnügen. Der Eskimo-Schamane Samik erzählt von den launig-verspielten Flügen seines Großvaters:

> Mein Großvater stammte aus dem Netsilik-Land. Seine magischen Flüge liebte er besonders. Einmal, als er draußen war, traf er einen anderen großen Schamanen aus Utkuhikjalik, einen Mann namens Muraoq, der sich auch gerade auf einem magischen Flug befand. Sie begegneten einander weit draußen über dem Packeis, ungefähr in der Mitte zwischen ihren beiden Dörfern. Als sie sich trafen, breitete Muraoq seine Arme aus wie ein Vogel seine Schwingen im Gleitflug, doch er war unvorsichtig dabei und kam Titqatsaq so nah, daß sie in der Luft zusammenstießen. Die beiden prallten derart heftig aufeinander, daß Titqatsaq auf das Eis niederfiel. Dort lag er, ohne sich rühren zu können, bis Muraoq sich umwandte und seinem Hilfsgeist gebot, ihn wieder aufzurichten. Kaum war Titqatsaq wieder in der Luft, als er das Kompliment auch schon zurückgab und Muraoq anstieß, so daß nun dieser aufs Eis fiel. Zuerst wollte er ihn dort liegenlassen, ohne ihm aufzuhelfen; aber dann erinnerte er sich daran, wie oft Muraoq gut zu ihm gewesen war; darum hatte er Mitleid, flog zurück und half ihm auf die gleiche Weise, wie ihm vorher geholfen worden war. Als sie heimkamen, erzählten sie den Leuten in ihren Dörfern alles, was geschehen war.[1]

Ob im Spiel oder im Ernst – die Fähigkeit des Schamanen zu fliegen und ihr Flug selbst zeugen von einer grandiosen metaphysischen Wirklichkeit, die aller mystischen Erfahrung zugrunde liegt.

Nicht allein der Schamane kann fliegen, sondern mit ihm fliegen auch allerlei Gefährten aus dem Reich der Tiere – der Bär, der Hirsch, das Pferd und die gefiederte Schlange – die den Schamanen in den Himmel oder in die Un-

[1] Rasmussen, *The Netsilik Eskimos*, S. 299 f.

terwelt tragen. Auch der Vogelsang dient mitunter als Fluggerät und trägt den Magier zu Wundern, welche die kühnsten Träume der Erdgebundenen übertreffen. Die Gans und der Gänserich, der Schwan, der Falke und der Adler, der Papagei, die Taube und der Kondor – gierige Vögel, die Opferfleisch fressen, Raubvögel, mächtige Vögel mit scharfen Augen, heitere Singvögel – geflügelte Engel und Dämonen: Sie fliegen durch die Mythologien aller Kulturen, und ihr Urbild lebt in der Seele des Schamanen.

Der Flug des Schamanenvogels hat viele Ziele: Er fliegt in den Himmel, zum Brunnen am Ende der Welt, in die Tiefen der Unterwelt, auf den Grund der von Geistern bewohnten Seen und Meere, um die Erde, zum Mond, zur Sonne und zu weit entfernten Sternen und wieder zurück. Hat man erst gelernt, die Kunst der Verwandlung zu meistern, dann steht einem der ganze Kosmos offen.

DAS SONNENTOR

Mythisches Ziel der Reise ist die Sonne. Der Schamane fliegt durch das Sonnentor ins Reich des ewig wachen Bewußtseins. Schon die einfache Opferhandlung im gebändigten Feuer der Initiation verschafft dem Geopferten Zugang zur Unsterblichkeit. Das Reich der Sonne liegt jenseits von Zeit und Raum. Wer gestorben ist und wiedergeboren wurde, kennt die Doppelnatur des menschlichen Daseins mit seinen sterblichen und unsterblichen Aspekten. Das Feuer der Wandlung hat alles Vergängliche verzehrt. Nun kann die ungebändigte Sonne den befreiten Geist des Unsterblichen begrüßen.

Die Sonne gilt in vielen Mythologien als der Vater in der Höhe. Einige sibirische Märchen nennen, wie wir gesehen haben, den Adler oder Sonnenvogel als ersten Schamanen. Durch das Feuer wird der Schamane zum Herrn über das Feuer, und dies läßt an eine ähnliche Metamorphose denken, in der der Novize in einen sich hoch emporschwingenden Vogel, in den Sonnenvogel verwandelt wird und zu seinem Ursprung – zur Sonne, zum Sonnenvater – zurückkehren kann. Die Doppelnatur erfüllt den Schamanen, er ist sterblich und unsterblich, Mensch und Tier. Und so ist er auch nicht nur ein Reisender auf dem Flug zur Sonne, sondern zugleich Überbringer des Feuers.

Die nordamerikanischen Lakota begrüßen die aufgehende Sonne mit dem Ruf:

> Hier bin ich
> Schaut mich an
> Ich bin die Sonne
> Schaut mich an[1]

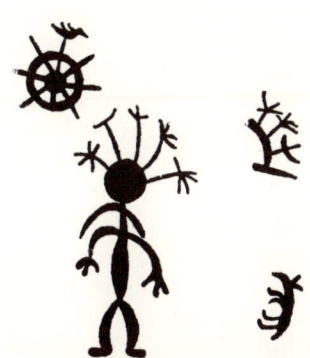

Diese Darstellung stammt von einer sibirischen Schamanentrommel. Vom Kopf der mittleren Figur gehen Kraftlinien oder Strahlen aus. Es könnte sich um einen Himmelsgeist handeln oder aber um einen Schamanen, der sich mit der Sonne vereinigt hat. (Aus *Istorio Etnografičeski Atlas Sibirii,* Moskau 1961)

Das Sonnentor, das den geopferten Schamanen einläßt, ist eben jenes Tor, welches sich nach einer tiefen seelischen Erweckung im Innern des Menschen öffnet. Häufig werden Erleuchtete mit Glorienschein oder Strahlenkranz um Haupt und Glieder dargestellt. Hier wurde die Sonne introjiziert, verinnerlicht. Durch die freiwillige Unterwerfung wurde ein inneres Licht freigesetzt. Im Grunde aber nahm die Sonne den Körper des Geopferten in sich auf, seine Knochen sind von ihr wie von einem Gefäß umschlossen. Sonnenopfer finden denn auch in verschiedener Form statt: Während der Sonnentanz der Lakota eher der Erlösung des Geistes körperlichen Ausdruck gibt, huldigen die Huichol der Sonne selbst, wenn sie zu Tayaupa beten. Immer aber wollen Sonnenopfer das Leben preisen. In der Opferhandlung wird man heilig, denn nichts, was geopfert wurde, kann seinen früheren Zustand wiedererlangen:

> Kein Spiegel wird wieder zu Eisen
> Keine reife Traube wird wieder sauer[2]

[1] *Parabola*, S. 44
[2] ebd.

Dadurch, daß er alles Vergängliche preisgibt, tötet der Schamane sich selbst. Er gleicht nun einem frischgepflügten Acker – umgebrochen und aufgerissen, bereit, die Saat zu empfangen.

In ihrem Wesen sind die ungebändigte Sonne und das gezähmte Herdfeuer eins. Der Tötende und der Getötete sind eins. In diesem Sinn kann man die Herrschaft über das Feuer als das Spiel des Schamanen mit dem Absoluten betrachten. Überall auf der Erde bedienen sich Schamanen und Zauberer des Feuers, um ihre Macht und ihren festen Glauben zu demonstrieren.

Feuer wird also mit Hilfe der in der Seele schlummernden Bilder unmittelbar erfahren. Der Verstand wehrt sich zwar gegen den körperlichen Kontakt mit Feuer, doch die Schamanen und Ekstatiker überwinden die Grenzen, welche durch die Naturgesetze und die vergangene Erfahrung gezogen sind. Die Vorstellungen der Seele erlangen durch sie physische Wirklichkeit. Die Realität wird umgekehrt: In einer lebendigen Symbolhandlung wandelt sich das Innere ins Äußere.

Die Beziehung zwischen Reibung, Zündung, Feuer, Hitze und Licht weist eine Analogie auf zum Initiationsritual und seiner Auswirkung. Der vedische Ausdruck *śram* bedeutet »sich selbst erhitzen«. Durch die Reibung der Initiation erhitzt sich der Schamane, und wenn er brennt, wird er zu reinem Licht. In diesem Zusammenhang spielen auch Kristalle und Regenbogen eine Rolle. Der Schamanenkristall ist der Same der Wiedergeburt, er gilt zugleich als Behältnis und Übermittler der Erleuchtung. Die Huichol glauben, daß Kristalle als Gegenstände der Macht die Seelen verstorbener Schamanen in sich tragen. Eine solche Seele wird zum Lehrer des lebenden Schamanen, damit dieser lernt, Kraft und Licht zu spenden. Eine ganz ähnliche Aufgabe erfüllt der Regenbogen, ist er doch eine Brücke zum Jenseits, über welche der Schamane nach seiner Selbstaufopferung ins Reich der Götter gelangt.

Als oberster Herr des Feuers verkörpert der Schamane eine Hitze von solcher Stärke, daß ihr geistiges Leuchten mit Klarheit und Wissen gleichgesetzt wurde. Knud Rasmussen gegenüber erläuterte ein Eskimo-Schamane: »Jeder wirkliche Geisterbeschwörer muß ein Leuchten in seinem Körper fühlen, im Innern seines Kopfes oder seines Gehirns, etwas, das wie Feuer leuchtet, das ihm die Kraft gibt, mit geschlossenen Augen in die Dunkelheit, in die verborgenen Dinge oder in die Zukunft zu sehen, oder auch in die Geheimnisse anderer Menschen. Ich fühlte, daß ich im Besitz dieser wunderbaren Fähigkeit war.«[3]

Die ersten Schritte tun die von der Dunkelheit Erdrückten aus Sehnsucht nach Erleuchtung. So beginnt die Reise. Schamanen und Seher trinken vom gefährlichen Trank der Unsterblichkeit. Sie erfahren den Tod als Leben und das Leben als Tod. Was verletzbar und verwundet war, ist nun unsterblich geworden.

Die Figur hält einen Pflanzstock und eine Ähre. Sie scheint im zeitlosen Raum zu tanzen. Der Zaubertänzer sorgt für eine reiche Ernte, denn Gebete und Lobgesänge lassen die Pflanzen gedeihen. (Zeichnung, nach Wellmann; 1979, von einem Felsbild, Rio Grande-Stil, West Mesa, Albuquerque, Neu-Mexiko)

3 Lommel, *Schamanen und Medizinmänner*, S. 84
4 *Parabola*, S. 44

> Wir tranken das Soma, wir wurden unsterblich!
> Wir gewannen das Licht, wir fanden die Götter.
> Was kann uns nun die Bosheit der Menschen,
> Was die der Geister, oh Unsterbliche, tun?
>
> Ich will leuchten wie Feuer, das man schlug.
> Erleuchte uns, führ uns zu immer neuem Wohlstand.
> Begeisterung zu dir, oh Soma, machte mich reich!
> Tritt in uns ein, um unseres Heiles willen.[4]

DIE RÜCKKEHR INS VOLK

Zwar gipfelt die mythische Reise im Reich der Sonne, die Lebensreise eines Heiligen jedoch erfüllt sich erst in seiner Rückkehr aus dem Paradies in die Gemeinschaft. Die Berufung des Schamanen betrifft vor allem sein Volk, und wenn er zu lange bei den Göttern verweilt, kann es geschehen, daß ihm die Rückkehr verwehrt ist. Die Begegnung mit dem Tod und die Erkenntnis der Gegensätze gibt dem Schamanen die Weisheit der »Doppelwelt«. Leonard Krähenhund, Medizinmann der Lakota, spricht von einer Wirklichkeit hinter der sichtbaren Wirklichkeit. Wer sie erkannt hat, dem hat sich die Einheit hinter den getrennten Einzelerscheinungen offenbart. Der Huichol-Schamane Ramón Medina Silva sagte einmal: »Es ist eins, es ist eine Einheit, es sind wir selbst.« In heiligen Handlungen offenbart der Schamane diese Einheit, und die Offenbarung wiederum öffnet den Weg zum Mitleiden.

Der Schamane ist zudem ein Meister des Spiels. Er tanzt und singt über die Leiden der Menschheit. Und durch sein Tun erwachen die Leute aus dem Alptraum der Krankheit zum Wunschtraum vom Paradies. Verspielter Mutwille und das Moment des Absurden rütteln die Schläfer wach; die Schönheit der Dichtung und die Schärfe eines klaren Verstandes mahnen die Vergeßlichen; Mitleid und ernste Würde heilen die Erkrankten. Die Welt zeigt sich, wird in Erinnerung gebracht und gefeiert. Ahnen und Naturverwandtschaften stehen im heiligen Kreis wieder an dem Platz, der ihnen gebührt.

»Während ich dort stand, sah ich mehr, als ich sagen kann, und ich verstand mehr, als ich sah; denn ich schaute auf heilige Weise die Gestalten aller Dinge im Geiste ... wie sie zusammen leben müssen, gleich wie *ein* Wesen.«[1]

DER SEINSGRUND DES LEBENS

Ramón Medina Silva, Schamane der Huichol, erzählte dem Anthropologen Peter Furst, daß eine einzige Seele in die Welt der Lebenden zurückkehren könne, nämlich die Lebensenergie oder *kupuri* eines gestorbenen Vorfahren. Die Huichol glauben, daß die Seele des Gestorbenen sich fünf Jahre nach dem Tod wieder mit den Lebenden vereinen kann, und zwar in Gestalt eines Bergkristalls. In diesem kristallinen Zustand heißt die Seele *tewari*, das heißt Großvater oder Ahne. Ramón betonte jedoch, daß nicht alle Seelen diese Gestalt annehmen können.

> Nur die Seelen der Sechzig- oder Siebzigjährigen, der alten Leute, die Weisheit haben, kommen zurück. Nicht jene, die mit fünfundzwanzig oder dreißig sterben, die nicht. Sie sind ja noch nicht vollendet, noch nicht weise, sie sind noch keine *mara'akame* (Schamanen) oder Weisen. Sie haben noch nicht die vollzähligen Jahre, sind unvollendet gestorben. Diejenigen über fünfzig, ja, die schon. Sie haben Erfahrung, Weisheit, Wissen. Die nach fünf Jahren zurückkommen, waren robuste Männer, die gut gelernt haben, die achtsam gewesen sind, Leute von großer Ausdauer und Kraft, deren Seele mit viel Weisheit erfüllt ist. Das gleiche gilt für Frauen, weise Frauen, die Peyote gesucht und das Wissen gefunden haben, all diese sicher, ja.[1a]

Der Ahne erlangt also in Gestalt eines Bergkristalls neues Leben. Der Kristall besteht aus fünf Knochenteilen aus dem Skelett des Gestorbenen. Auf diese Weise kehren die Alten zu den Lebenden zurück als Schutzgeister und Patrone der Jagd.

In Australien werden dem Novizen während der schamanischen Initia-

---

1 Schwarzer Hirsch, *Ich rufe mein Volk*, S. 37

1a Furst, »Huichol Conceptions of the Soul«, S. 80

tion Kristalle in den Körper gelegt. Sie stammen, wie die *tewari* der Huichol, aus dem Umkreis der Sonne. Die Huichol sagen: »Der *mara'akame* wagt sich vor in diesen gefährlichen Bereich, wo das Licht blendet und die Hitze sengt, damit er die Ahnenseele einholt. Zur Seite steht ihm dabei der hilfreiche Geisterlehrer, der heilige Hirsch *Kauyumari*.«[2] Der lebende *mara'akame* kann sich die Ahnenseele eines Schamanenältesten durch den Genuß von Maisschnaps, *nawa* genannt, einverleiben. »Und der Besitzer der Hirschfalle kommt herbei und trinkt *nawa*, jenes *nawa*, worin der Kristall gelegen hat. Worin er gefangen war. Und er trinkt das ganze *nawa*.«[3] Tatsächlich trinkt der Schamane mit dem *nawa*-Schnaps, der die *tewari* enthält, symbolisch die Knochen eines verblichenen Altschamanen.

In beiden Teilen Amerikas und in Australien gibt es zahlreiche Anzeichen für Endokannibalismus, bei dem Gebeine und Kleider eines Gestorbenen zu Getränken verarbeitet und getrunken werden. Auf diese Weise wird die Beziehung zwischen den Lebenden und den Toten wiederbelebt. Als wiedererstandener Vorfahr ist nun also der Kristall nicht nur Schutzpatron der Jagd, sondern zugleich Lehrer des lebenden Schamanen. Die *tewari* lehrt den *mara'akame*, wie man Zeremonien richtig hält, die Jagd ausübt und das Dorfleben führt und leitet. Der Schamane versteht sich denn auch selbst als Lehrling der *tewari*.[4]

Furst betont im übrigen, daß der »Besitzer der Hirschfalle«, der vom Knochenschnaps trank, ein Ältester und Häuptling des Dorfes war. Früher waren die Häuptlinge meist auch *mara'akame*. Beide Ämter werden mit *Tatewari*, Unserem Großvater Feuer, in Verbindung gebracht. Er ist nicht nur der Schutzgott der Schamanen, sondern war selbst der erste Schamane. Wieder können wir beobachten, daß es ein Hauptanliegen der Schamanen ist, die ungebrochene Beziehung und Erbfolge zwischen den Lebenden, den weisen Toten und den Ahnengeistern der Natur zu sichern. Er ist ja nicht nur Mittler zwischen Geistern und Menschen, sondern auch das Medium außerirdischer Mächte. Durch den Schamanen wird das Wissen der Ahnen, die Weisheit der Ältesten und der Natur an die Gemeinsamkeit weitergegeben.[5]

Für die Huichol war der erste Ahne *Tatewari*. Zur Zeit des Paradieses, vor der großen Flut, als Menschen, Tiere, Heilige und Götter noch nicht voneinander geschieden waren, zeugten ihn die *Hewixi*, das waren Tiermenschen, die später umkamen in der großen Flut, die die Welt zerstörte. *Apii*, der Ahne und Schamanenhäuptling der *Hewixi*, rieb zwei Stöckchen aneinander, und aus ihnen trat Feuer heraus, der im Holz eingeschlossene *Tatewari*. Da das Feuer als erstes »heraustrat«, nennt man ihn Unseren Großvater.

Unser Großvater Feuer genießt große Zuneigung unter den Huichol. Die Anthropologin Barbara Myerhoff schreibt, daß *Tatewari* – das Feuer – im praktischen Leben viel Gutes tut: er rodet die Felder, kocht das Essen und spendet Wärme und Licht. Er verwandelt das Rohe, erst durch ihn wird ein zivilisiertes Leben möglich. Zugleich ist er ein Symbol der Geselligkeit, denn wo er ist, gibt es auch Huichol. Als ältester Gott der Huichol, als erster *mara'akame* und Schamane der Alten, bewahrt und übermittelt *Tatewari* die uralten Überlieferungen. Die Huichol lieben ihn sehr, denn er offenbart mit seinem Licht und der Weisheit seiner hohen Jahre das Unbekannte.

Die folgende Erzählung hörte Dr. Myerhoff von Ramón Medina Silva. Hier wird die enorme Bedeutung dieses Urahnen erläutert:

> Warum beten wir ihn an, der nicht von dieser Welt ist, den wir *Tatewari* nennen, den, der das Feuer ist? Er ist mit uns, denn wir glauben, daß er *Tai* ist, nämlich Feuer, nur Feuer, Flammen. *Tatewari* ist das Feuer. Er ist

2 ebd., S. 93
3 ebd.
4 ebd.
5 ebd.

der *mara'akame* aus alter Zeit, der uns wärmt, der das Unterholz rodet, der unser Essen kocht, der den Hirsch jagte und Peyote fand, dem *Kauyumari* zur Seite steht. Wir glauben an ihn. Woher sollten wir ohne ihn Wärme nehmen? Wie sollten wir kochen? Alles wäre kalt. Um uns zu wärmen, müßte Unser Vater Sonne näher zur Erde kommen. Aber das kann niemals sein.

Stellen Sie sich vor: Man steht auf der Sierra, dort, wo wir Huichol leben. Man geht, folgt seinem Weg. Dann wird es dunkel. Man wandert allein dort draußen, sieht nichts. Was war das in der Dunkelheit? Man hat wohl etwas gehört? Sehen kann man nichts. Alles ist kalt. Dann lagert man sich dort. Man sammelt etwas Holz, Nahrung für *Tatewari*. Man schlägt Feuer, bringt *Tatewari* heraus. Ach, das tut gut! Die Wärme! Dieses Licht! Das Dunkel verschwindet, kann einem nichts anhaben. *Tatewari* ist ja da und schützt einen. In der Ferne geht ein anderer Mensch vorbei. Da wandert er so ganz allein in der Dunkelheit, hat vielleicht Angst. Dann sieht er es von fern, dieses Licht, dieses freundliche Licht. Etwas Gutes in der Finsternis. Er sagt: »Ich bin nicht allein. Dort sitzt ein anderer Huichol. Dort gibt es jemand. Vielleicht hat er dort noch ein Plätzchen für mich, ein wenig Wärme.« So spricht er. *Tatewari* lebt dort in der Dunkelheit, gibt Licht, wärmt und schützt uns. Kann man ohne ihn leben, ohne diesen *Tatewari*? Nein, das geht nicht.

Oder es handelt sich um die Arbeit. Man will Mais, Brei, Bohnen oder Melonen zubereiten. Arbeit allein genügt nicht. Wir brauchen *Tatewari*. Wenn ein Mann eine Frau hat, will sie doch für ihn kochen. Wie kann sie aber seinen Hunger mit einem Topf roher Bohnen stillen? Mit rohem Mais? Davon wird er nicht satt. Aber wenn wir nun diese Speisen *Tatewari* überlassen, was dann? Er wärmt sie mit seinen Flammen, und sie werden gut. In der alten Zeit wurde er verwandelt. Als die Alten ihn hervorbrachten, wurde er zu einem *mara'akame,* er wurde verwandelt, damit alle sehen konnten, wie er wirklich war. Damit er Unseren Vater umarmen konnte, als er geboren war. Damit er jene Alten, die nicht von dieser Erde waren, anleiten konnte und ihnen zeigen, wie man den Hirsch jagt und Peyote findet. Damit er und *Kauyumari* Gefährten werden konnten, damit unser Leben, unsere seit damals, seit der alten Zeit bestehenden Bräuche bewahrt werden konnten. Das ist so lange her, daß niemand sich erinnert, wann das war.

Darum also beten wir ihn an, darum stellen wir ihn in unsere Mitte, ihn, der Unser Großvater ist.[6]

Eine Huichol-Legende berichtet, wie *Tatewari* einst die Götter im *xiriki* oder Tempel versammelt fand. Dort beklagten sie sich bitter über ihre Nöte. Sie wußten nicht, was ihre Leiden verursacht hatte und wie sie die Krankheiten abschütteln konnten. Großvater Feuer wollte ihnen helfen. Daher wahrsagte er, daß die Götter seit vielen Jahren nicht mehr nach *Wirikuta,* dem Land des Peyote, gepilgert waren. Sie hatten die Bräuche ihrer Ahnen vergessen. Jene waren weit bis ins Paradies, woher sie stammten, gezogen, um dort den Hirsch (Peyote) zu jagen. So wie sie ihre Überlieferungen und Pflichten gegen die Götter vergaßen, vergaßen sie auch, daß man das wunderwirkende Fleisch des Peyote-Hirsches essen muß, wenn man heilen will. Und genau wie Unser Großvater führt auch der heutige *mara'akame* alle Pilger auf der Suche nach dem Leben ins Paradies.

Tatewari ist der Schutzgott der Huichol. Ebenso wird der *mara'akame* mit Unserem Großvater Feuer identifiziert. Auch die südkalifornischen Chumash erkennen Momoy, die Alte, als mythologische Ahnin mit Schama-

[6] Myerhoff, *Peyote Hunt,* S. 78 ff.

Ein strahlendes Geisterwesen, von dem gewaltige Energie ausgeht, ist durch eine Kraftlinie mit einer kopflosen Figur verbunden. Die Linie läuft von der Fontanelle des Geistes zum Nabel des Menschen. Es handelt sich vielleicht um die unmittelbare Kraftübertragung eines Hilfsgeistes auf einen Schamanen. (Zeichnung nach Wellmann, 1979, von einem Felsbild, Menomini-Territorium, Manistique, Michigan)

nenkraft. Sie ist Großmutter Datura, eine reiche Witwe, deren Arznei die Toten wiederbelebt und die Kranken heilt. Sie legt die Verhaltensregeln fest und wacht über die Traditionen. Ihr Enkel, ein Waisenknabe, den sie aufzieht, wächst zu einem mächtigen Schamanen und Jäger heran.

Der Anthropologe Thomas Blackburn bemerkt, daß bei den Chumash Greisenalter gleichermaßen hohes gesellschaftliches Ansehen genießt wie Wissen. Tatsächlich haben sie ja etwas miteinander zu tun. Mit dem Alter kommt Weisheit, und mit Weisheit kommt Macht. Nur die Klügsten können in einer so gefährlichen Welt bis ins hohe Alter überleben. In der Mythologie der Chumash sind fast alle Mächtigen auch betagt. Sonne, der Mächtigste von allen, gilt als uralter Mann. Der einflußreiche Stammesälteste, Adler, der sich selten zeigt, wird als weise und gut, als die Verkörperung normativer Werte beschrieben. Als Häuptling genießt Wohlhabender Adler großes Ansehen und sorgt für die Gemeinschaft. Den halbwüchsigen Knaben gegenüber wird Datura vertreten durch Alten Mann Steppenwolf. Er ist ein Gaukler und Schamane und kann sein Äußeres beliebig verwandeln. Blackburn stellt fest, daß Autorität und Macht unmittelbar mit Alter und Reife zusammenhängen.[7]

Die Stellung der Alten genießt bei vielen amerikanischen Eingeborenenvölkern Achtung und Verehrung. Ein kalifornischer Pomo sagte: »Alte Leute waren wichtig. Sie waren weise.« Ein reifes, hohes Alter zu erreichen, war ein von Göttern oder vom Höchsten Schöpfer gewährtes Vorrecht. Ein »vollendetes« Leben hatte *alle* Stadien durchlaufen, bis hin zum letzten, zur Weisheit.

Die Alten stehen den Ahnen und Göttern am nächsten. Lange Jahre der Einübung religiöser Gebräuche und dazu die Nähe des Todes geben ihrem Verhalten eine gewisse geistige und gesellschaftliche Freizügigkeit. Die mit einem langen Leben Gesegneten sind, wenn man so will, durch eine lebenslange Initiation gegangen. Der Lebensweg selbst kann nämlich, wenn er im »Gehorsam gegen die Erkenntnis« gegangen wird, ein Lernprozeß sein.

Auch die Gros Ventres in Montana glauben an die bevorzugte Stellung der Alten und streben nach ihrem Segen. »Wer gut ist zu den Alten, für den beten sie zum Höchsten um Gesundheit, langes Leben und Erfolg. Man hielt die Kinder ausdrücklich dazu an, gut zu den Alten zu sein, sie zu nähren und zu kleiden, ihnen in schwierigen Situationen zu helfen, die Greise zu besuchen und um ihre Gebete zu bitten.«[8]

Wir haben gesehen, daß man sowohl im Leben wie im Tod zwischen den Welten wandeln kann. Schamanen und Älteste wissen, welche Vorgänge dieser Veränderung zugrunde liegen. Die Aufgabe, der Zweck der Reise bleibt es, ins Reich der Sonne zu gelangen, wo das Bewußtsein endgültig erwacht, den Berggipfel zu erklimmen, wo die Unendlichkeit offenbar wird, das Leben zu suchen, um den Tod zu begreifen.

Alfonso Ortiz wuchs in einem Pueblo auf. Schon als Kind blickte er oft zum Berggipfel hinauf, wo die Wege des Lebens und des Todes einander kreuzen. Dem Schamanen wird eine solche religiöse Topographie bewußt, und dort begegnet er auch den Ahnen.

Ein weiser Ältester meines Tewa-Volkes sagte zu seinen Lebzeiten häufig *Pin pe obi,* »Schaut zum Gipfel des Berges!« Vor 25 Jahren, als Siebenjähriger, hörte ich das zum ersten Mal. Damals hatte ich begonnen, für den Staffellauf zu trainieren, den wir im Pueblo zu Ehren des Sonnenvaters veranstalteten, um ihm Kraft für seine Himmelsreise zu geben. Ich stand am Ende der Strecke, die wie die Sonnenstraße von Ost nach West lief. Der blinde Alte rief mich und sagte: »Junger Mensch, schau zum Gipfel des Berges, wenn du läufst.« Und er zeigte auf den *Taikomo,* der

---

7 Blackburn, *December's Child,* S. 74 f.
8 Cooper, *The Gros Ventres of Montana,* Teil II, S. 195

für uns Tewa der heilige Berg des Westens ist. In der Ferne konnte man ihn undeutlich erkennen. »Richte deinen Blick auf diesen Berg, und die Meilen werden unter deinen Füßen dahinschwinden. Wenn du das tust, wirst du nach einer Weile das Gefühl haben, du könntest über Büsche, Bäume und Flüsse springen.« Ich versuchte, die Bedeutung dieser letzten Bemerkung zu verstehen, aber ich war noch zu jung.

Einige Tage später fragte ich ihn bei anderer Gelegenheit, ob ich wirklich lernen könne, über Baumwipfel zu springen. Er lächelte und sagte: »Was auch das Leben von dir fordert, denke immer daran, zum Gipfel des Berges zu schauen, denn wenn du das tust, erblickst du die erhabene Größe. Vergiß das nicht und laß dich durch keine noch so große Schwierigkeit entmutigen. Einzig und allein mit diesem Gedanken möchte ich dich zurücklassen. Und wenn wir uns in der noch undeutlichen künftigen Welt wiedersehen, wird es auf dem Gipfel des Berges sein.« Wieder fragte ich mich, warum er solche Worte zu mir sprach und was sie bedeuteten. Ich brauchte nicht lange zu warten, denn im darauffolgenden Monat, als überall im Land das Korn kräftig auf dem Halm stand, starb er friedlich im Schlaf. 87 Sommer hatte er erlebt.

Obwohl er wußte, daß ich zu jung war, um ihn zu verstehen, mußte er seine Botschaft an mich und vielleicht auch an andere meinesgleichen weitergeben, denn ihm war klar, daß ihm nicht mehr viel Zeit blieb. Unser Glaube lehrt, daß an seinem Sterbetag die Ahnen am Ausgang des Dorfes auf ihn warten. Sie geleiten ihn auf eine letzte viertägige Reise zu den vier heiligen Bergen der Tewa. Nur ein Medizinmann im Zustand der Reinheit oder aber ein Toter kann nach dem Glauben der Tewa ohne Gefahr einen heiligen Berg besteigen. Diese letzte Reise endet stets damit, daß die Ahnengeister und der zu ihnen Heimgekehrte in einen See dicht unterhalb des Gipfels eintauchen. Diese Seen gibt es auf allen heiligen Bergen, denn sie sind die Wohnungen der Götter.

Transzendental gesprochen zieht sich durch das Leben eines Tewa also ganz grundsätzlich die Frage nach der Bedeutung der Worte »Schaut zum Gipfel des Berges!« Es ist in ihnen ein Leitbild für das Leben enthalten, welches aus den abertausend Jahren heraus entstand, in denen wir dieses Land bewohnen. Erst in den letzten Jahren kam mir voll zum Bewußtsein, daß dieses ein Geschenk war von unschätzbarem Wert, denn diese Worte fassen das Wissen eines Volkes zusammen, das Wissen um die Bedeutung des Daseins in Zeit und Raum und zugleich jenseits von Zeit und Raum. Und doch weiß ich auch, daß ich den ganzen Sinn dieser Worte nie verstehen kann, denn wenn irgendein Lebender sie ganz versteht, ist es für ihn an der Zeit, sich mit den Ahnen zu vereinigen und die letzte Reise zum Gipfel des Berges anzutreten.[9]

Das ganze Leben eines Ältesten oder eines Heiligen zielt darauf ab, den Gipfel des Berges zu erreichen, wo die Unendlichkeit sich in einer Art überzeitlicher Topographie offenbart. Schon die ganz Jungen werden an dieses heilige Ziel gemahnt. In einem Segensspruch für Kinder betet der Navaho-Medizinmann darum, daß das Kleine gesund und kräftig heranwachsen möge bis ins Alter der Weisheit. Der Segen schließt mit den Worten: »Ich bin der Seinsgrund allen Lebens, der da ist: hohes Alter.«

---

[9] Ortiz, »Look to the Mountaintops«, S. 95 ff.

ENDE EINES ZEITALTERS

Die rote Felszeichnung stellt einen zierlichen Vogel dar, aus dessen Kopf und Sterz Kraftlinien hervorgehen. Hier wurde die strahlende »Lebensenergie« versinnbildlicht. (Zeichnung nach einem Felsbild, Gartenhalbinsel, Staatspark von Fayette bei Manistique, Michigan)

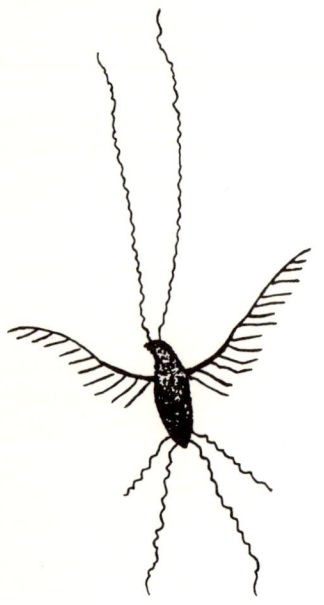

Das mythologische Urzeitalter, als Männer und Frauen lernten, ihren Träumen und Visionen verständliche und mitteilbare Gestalt zu geben, jene Zeit, als man den Naturgewalten und dem Kosmos Namen und Form verlieh, als die unbegreiflichen und nur erst insgeheim gefühlten Götter körperhaft wurden – dieses jahrtausendelange Zeitalter nähert sich seinem Ende. Über ausgedehnte geographische Entfernungen hinweg und im Laufe ungeheurer Zeitspannen entstanden die archaischen Mythen und wurden über zahllose Generationen bewahrt und weitergegeben. Unter dem Einfluß von Geschichts- und Geowissenschaften haben sich diese Überlieferungen verändert, zumindest oberflächlich betrachtet. Und in unseren Tagen werden wir nun wohl Zeugen des schmerzhaften Aussterbens der uralten Götter. Schon Nietzsches Zarathustra erklärte alle Götter für tot. Heute sorgt die Ausbreitung der westlichen Zivilisation dafür, daß wir überall in den Tageszeitungen die Todesmeldungen der angestammten Götter lesen können. Während sie dahingehen, sind die Seher und Propheten der alten Kulturen noch am Leben. So dürfen wir noch eine kurze Zeitspanne – zehn, vielleicht auch zwanzig Jahre – die ganze Religionsgeschichte unseres Planeten am lebenden Objekt studieren, bevor sie sich endgültig in nichts auflöst unter dem gewaltigen Druck des biomechanischen, postindustriellen Zeitalters, das nun auf uns zukommt. Die immer noch lebendige Geschichte von zehntausenden von Jahren geht in unserem Jahrhundert eindeutig zu Ende. Aus diesem Grund richten wir unseren Blick in die Vergangenheit und betrachten, vielleicht zum letzten Mal, unser lebendiges Erbe. Darum auch erforschen wir jene Lebensweisheiten, die von Priesterheilern des Paläolithikums bis auf uns Heutige überkommen sind. Darum studieren wir die alten Überlieferungen und das Erbe der urzeitlichen Seher. All dies geht nun seinem Ende entgegen – oder es wird sich vielleicht in einer noch unbekannten Form erneuern.

Der Abstieg ins Reich der Toten, zur Wohnung der Krankheitsgeister zeugt von der tiefen Hilflosigkeit des Menschen. In den Tiefen begegnet man gefräßigen Geistern, die gleichzeitig vernichten und belehren. Erst wenn er »gestorben« ist, gewinnt der Schamane Zugang zur Welt der Tiere. Diese Holzmaske hat einen bestürzten Gesichtsausdruck. Die Augen sind weit offen und dennoch ausdrucksleer, als sei die Person »zu Tode« erschrocken. Der Schamanennovize ist wohl wirklich tot oder hat einen Anfall erlitten (Epilepsie wird häufig mit Schamanismus in Verbindung gebracht). Die heraustretende Zunge kostet von der Weisheit der Wildnis. Claude Lévi-Strauss nennt diesen Vorgang den »Kuß des Wissens«: Der Schamane genießt wilden Nektar aus der Welt der Tiere. Er erkennt den Tod und das nicht-dualistische, amoralische Universum: Der starre Blick des Falken hat mit Moral ebensowenig zu tun wie der Tod. Schamanen tragen diese Masken, um ihr Volk an solche Grundbedingungen des Daseins zu erinnern. (Bemalte Holzmaske des Schamanen Seton, Tlingit, Nordwestküste der USA)

Die Kunst der Eskimoschamanen wird nicht im stillen Kämmerlein geübt. Die Qualen der Initiation und die rituellen Handlungen dienen letzten Endes der Gemeinschaft. Zwar sind die in einsamer Suche nach Erleuchtung gewonnenen Erfahrungen persönlich, doch werden sie in den Zeremonien an das Volk weitergegeben. Die Eskimo glauben, daß man sich schadet, wenn man Tabus bricht. Öffentliche Schuldbekenntnisse und gemeinsame Teilnahme an schamanischen Séancen sind wichtige Mittel der Entspannung und inneren Reinigung des Einzelnen. Der Schlag der Schamanentrommel bannt alle Teilnehmer des Rituals in ein dynamisches Spannungsfeld. Die ständig wiederholten dumpfen Trommelschläge versetzen alle in Trance, während der Schamane seines Amtes waltet. Die Zeichnung zeigt eine solche Gemeinschaft in Trance. (Zeichnung von Luke Anguhadluq (geb. 1895), Baker Lake, Eskimo, 1972)

»Die Trommel ist mein Pferd«, singen die Jakuten-Schamanen Sibiriens auf dem Ritt ins Jenseits. Zugleich ist die Trommel schamanisches Territorium. Diese teleutische Trommel trägt eine Abbildung der Welten, in die die magische Reise führt. In den unteren Gefilden steht der Alte von der Schwelle, der Hüter der Wohnung. Darunter stehen »Schüsseln« mit Opfern für Götter und Geister. Das obere Feld, der Himmel, ist von einem halbrunden Band eingefaßt, dessen Dreiecke Berge und höhere Mächte darstellen. Die Pferde und Vögel sind Boten der Schamanen. In den Käfigen ganz oben fangen die Schamanen Geistervögel, die Wächter der himmlischen Wesen. Sonne und Morgenstern, Mond und Abendstern sowie Sternbilder schmücken den Himmel. (Zeichnung nach S. I. Ivanov, 1954)

Der Schamane steigt in die Unterwelt, um die Seele eines Kranken einzuholen. Er liest die Inschrift auf einem magischen Stein. Ein Boot mit sieben Rudern trägt ihn über den Totenfluß und weicht dabei den Reusen und Angelruten der Geister aus. Der geflügelte Schamane strahlt Kraft aus, das Geweih zeugt von seiner Weisheit. (Zeichnung der Ostjaken, Sibirien, aus *Asia*, XXIX (1929), Nr. 4)

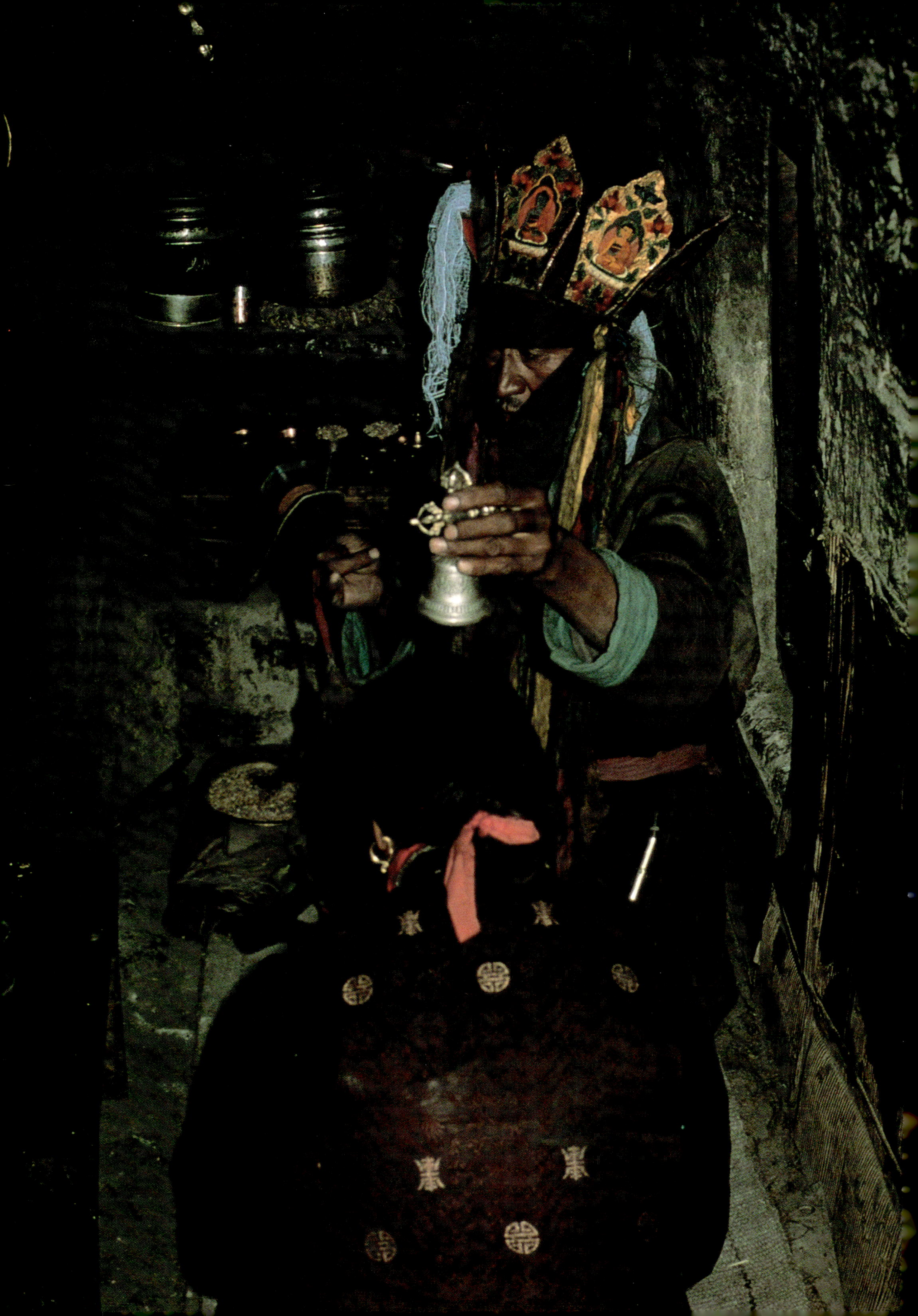

Die tibetische Bon-po-Religion verbindet den bodenständigen Schamanismus mit dem Tantrismus aus Indien. Im Lamaismus finden sich noch zahlreiche schamanistische Elemente wie das Gefühl, von Geistern zerstückelt oder gefressen zu werden, Himmelfahrt und Flug, magische Hitze, Besessenheit, Verlust und Wiederkehr der Seele oder Trance. Manche Bon-Überlieferungen blieben so lebendig. Der Lama-Schamane aus Ladakh auf dem Foto *links* vollzieht einen Heilungsritus. Er trägt buddhistische Gewänder. In Trance »weckt« er mit seiner Glocke die Lebenskraft der Kranken. (Foto von Robert C. Gardner, 1978)

Dieses Foto zeigt Don José (Matsuwa), einen Schamanen der Huichol aus El Colorín, Municipio del Nayar (Nayariten) in den mexikanischen Sierras, während der alljährlichen Trommelzeremonie. In Trance singt der Schamane sein Gebet, während seine Seele in das Paradies seines Volkes, Wirikuta, aufsteigt. Sie wird von den Kinderseelen des Dorfes geleitet, denn die Zeremonie gilt den Kindern. In der linken Hand hält Matsuwa einen Gebetsspeer, der ihm zum Heilen und Hellsehen dient. Als Dreißigjähriger verlor er durch einen Unfall die rechte Hand, was zu seiner Initiation führte. (Foto von Prem Das)

Diese Figur auf einer selischen Spindel (Cowichan) könnte ein Schamane sein, der durch die Qualen der Initiation zum Skelett wurde. Zu beiden Seiten der Figur sehen wir drei Vögel, vermutlich Raben, und einen Otter. Es sind wohl Geistergefährten des Schamanen. Der Rabe, ein Gaukler und Verwandlungskünstler, gilt als Kulturheros, der die Welt erschaffen hat. Auch der Otter ist ein Verwandlungskünstler: Man sagt ihm nach, er könne Menschen in Tiere verwandeln. (Geschnitzte, bemalte Holzscheibe, Kultur der Selisch-Indianer, Nordwestküste, gefunden 1884)

Dieses Erdbild *(ilbantera)* der nördlichen Aranta in Australien stellt das Wasserloch oder die »Sickergrube« dar, die als Geburtsort der Sonne Ilbalintja und des Ahnentotems Karora gilt. Alles Leben soll von hier ausgegangen sein, und nach Vollendung seiner irdischen Wanderung kehrte Karora hierher zurück und sank in ewigen Schlaf. Der runde Kopfschmuck symbolisiert die Sonne, der längliche das Totem. Das Erdbild selbst gilt als heiliges Tor ins Jenseits. Es stellt die weibliche Erde dar, aus deren Schoß die erdgebundenen Götter hervorgingen. Holzkohlestreifen symbolisieren den Nektar der Honigameise, rote Flaumstreifen die nektargefüllten Leiber der Sammlerameisen, weiße Flaumringe den Akazienhonig, ockergelbe die gelben Akazienblüten. Am Ende des Rituals legen sich die jungen Totemisten über das Erdbild und reiben sich damit ein. Man glaubt, das Bild habe die Kraft, die Honigameisen zu vermehren und eine gute Honigernte zu sichern. (Foto von Professor T. G. H. Strehlow, © Frau Strehlow. Von Frau Strehlow identifiziert und dokumentiert nach den Aufzeichnungen ihres Mannes und seiner 1955 in Zentralaustralien aufgenommenen Sammlung von 35 mm Diapositiven)

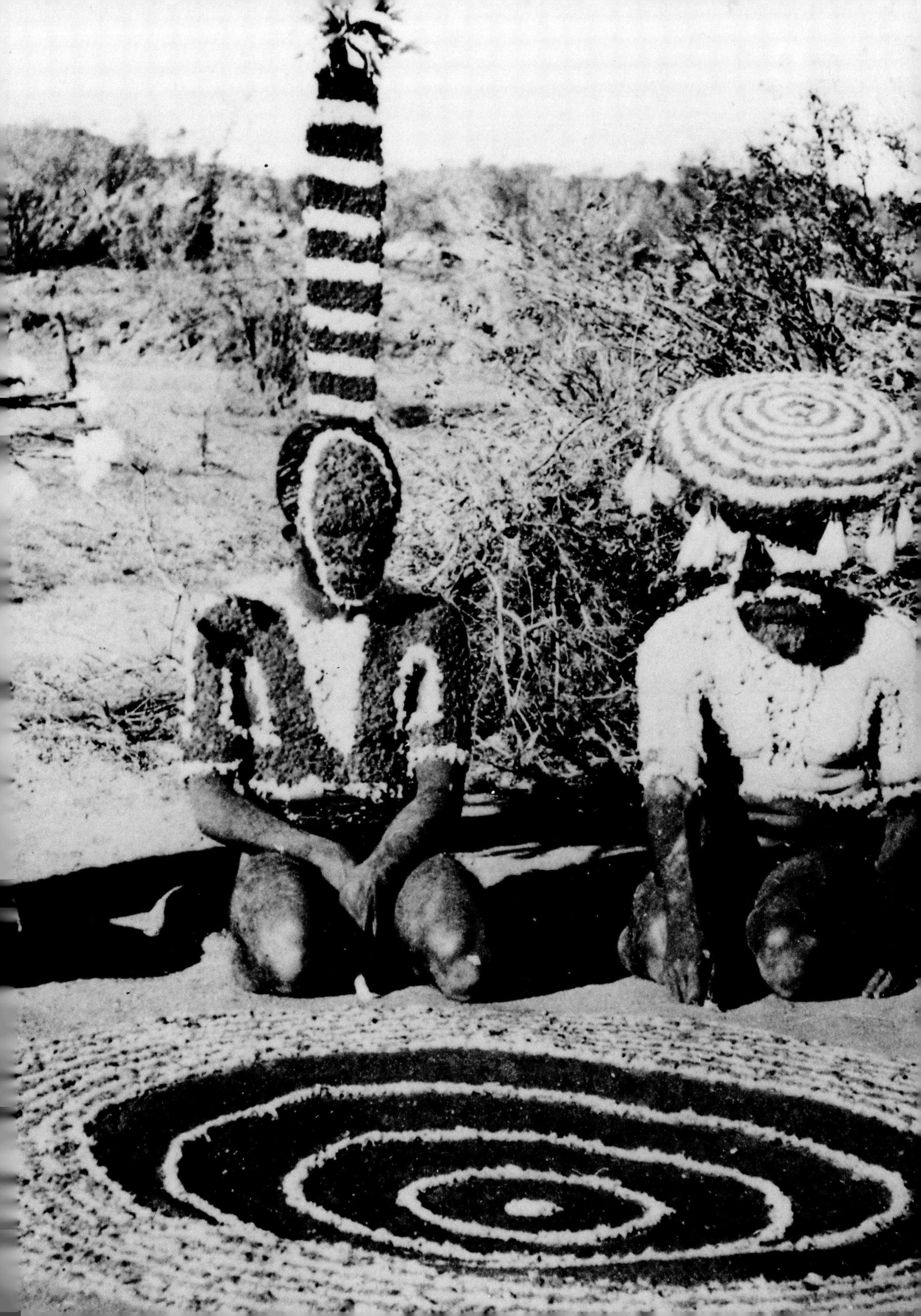

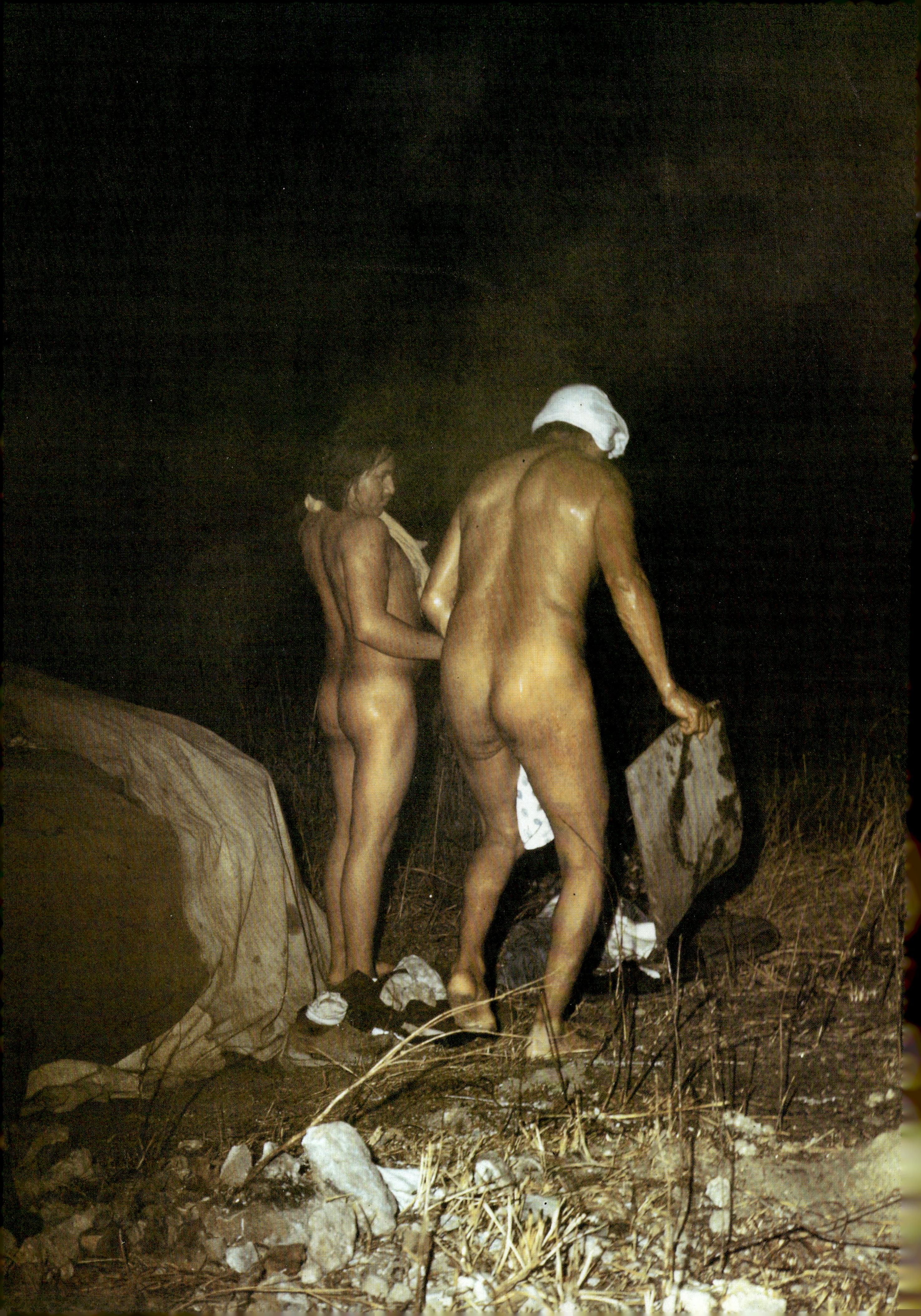

»Der Schamane weiß, daß er ein Geist auf der Suche nach einem größeren Geist ist. Der Große Geist kennt den Tod. Mutter Erde kennt das Leben. Wir sind alle aus dem Großen Geist geboren. Nach Vollendung unseres Lebens kehren wir zu ihm zurück. Der Schamane weiß, daß der Tod der große Verwandler ist. Wir essen keine lebende Nahrung. Wir töten unsere Tiere. Körner und Früchte, die nicht beim Ernten sterben, sterben zwischen den Zähnen oder in den ätzenden Magensäften. Jeder Schamane weiß, daß der Tod alles mit Leben erfüllt.« Diese Worte von Hyemeyohsts Sturm, Medizinmann und *Heyoekah,* beschreiben das Wesen der Selbstaufopferung der amerikanischen Eingeborenen. In Vorbereitung auf die Suche nach Visionen, den Sonnentanz oder andere religiöse Anlässe sucht man die Schwitzhütte auf und kehrt gleichsam in den Mutterschoß zurück. Gebete, Kräuter, Feuer und Wasser werden den Mächten geopfert, die das Leben schenken und leiten. Der Lakota-Medizinmann Henry Krähenhund und sein Sohn Leonard, ebenfalls ein Schamane, opfern Gebete und reinigen sich im »Schweiß« für »alle meine Angehörigen«, nämlich für die größere Gemeinschaft allen Lebens. Das Foto *oben* zeigt einen Tänzer beim Sonnentanz. Seine Haut ist durchbohrt, und er opfert der Sonne sein eigenes Herzblut. (Schwitzhütte der Sioux; Sonnentanz der Lakota. Fotos von Richard Erdoes)

Die Zauberer von der Nordwestküste Amerikas benutzten für Heilungen und die Jagd schamanistische Amulette wie dieses. Es wurde im Grabbau des Gunnahho-Klans zwischen dem Towtuck-Fluß und Dry Bay gefunden. Der chthonische Bärengeist verschlingt einen Novizen, unter seiner Tatze wartet ein zweiter. Die Rechte des Mannes, der verschlungen wird, berührt die Wange der Bestie. Mörder und Opfer sind eins, Leben vertilgt das Leben. Unter ihnen befindet sich der Geist eines Teufelsfisches, oben der eines Wals. Wie der Bär steht der Wal bei den Völkern der Nordwestküste Amerikas mit Opfer und Wandlung in Zusammenhang. Angeblich kann er ein ganzes Kanu verschlingen und mitsamt allen Insassen zum Dorf der Wale unter dem Meer ziehen. Links und rechts sind Kraniche dargestellt. (Elfenbeinamulett, Höhe 12 cm, Tlingit, Nordwestküste der USA, gesammelt ungefähr zwischen 1884 und 1893)

Tötender und Opfer bilden zusammen ein einziges Spannungsfeld: das der Opferung des Selbst im Dienst einer höheren Ordnung des Seins. Der Novize bestätigt den Bund zwischen der Wildnis und sich selbst durch die zärtliche Umarmung des Tieres als Symbol des weiblichen, verschlingenden Aspekts der Natur. Der Körper des chthonischen Tigers ist dicht bedeckt mit Schlangen, Katzen, Labyrinthen und Spiralmotiven. Auf dem Kopf des Tigers steht ein kleines Reh, seinen Rücken ziert eine *tao-tie*-Maske, Symbol der zerstörerischen und wohl auch selbstzerstörerischen Kräfte des Universums. (You-Bronzegefäß, Höhe 34 cm, Shang-Dynastie, China, 1523-1027 v. Chr.)

Der Jaguar galt bei den Indianern als chthonische Gottheit und stand in Verbindung mit Schamanismus und Initiation. Hier wird ein Novize von einem Jaguardämon zerstückelt und verschlungen. Wieder zeigt sich der Bund zwischen Tier und Mensch, dem Rohen und dem Gekochten: Die liebevolle Geste, mit der der Mann seine Hand auf die Wange des Jaguars legt, besiegelt den Pakt zwischen dem, der gefressen wird, und dem, der ihn frißt. Die enorme Größe des Tieres im Verhältnis zu dem Menschen gemahnt an ekstatische Initiationsträume. Den Jaguar finden wir von Texas bis Patagonien als Hilfsgeist der Schamanen. In vielen amerikanischen Kulturen kann der Schamane sich selbst in einen Jaguar verwandeln. (Gebrannte Tonfigur, Höhe 12 cm, späte Maya-Klassik, von der Insel Jaina, Campeche, Mexiko, ca. 800 n. Chr.)

Der Steindruck der Inuit-Eskimo *rechts* und die moderne Indianermalerei *links* zeigen Adler, die einen Menschen ins Jenseits entführen. Mythisches Schlüsselthema vieler schamanischer Kulturen ist die Entführung in die Unterwelt durch chthonische Wesen oder in den Himmel durch Raubvögel – hier durch den Sonnenvogel, denn der Adler vertritt den Sonnenvater. Er gilt als männlicher Initiationspartner, der die weibliche Seele befruchtet. Diese Metapher umschreibt zugleich die Beziehung zwischen dem Himmelsprinzip und den Mächten der Natur. Der zu großen Höhen aufsteigende Adler gilt als Überwinder des Vergänglichen, der Unsterblichkeit erlangt und damit an seinen Ursprungsort zurückkehrt. Die Darstellung des Adlers mit seiner Beute symbolisiert in vielen Kulturen die Opferung der niederen Kräfte und die Entstehung einer höheren Seinsordnung. (Tempera von Jackson-Beardy, Island Lake, 1967; Steindruck von Pudlio, Kap Dorset, Eskimo, 1963)

Das Volk der Cuna von den San Blas-Inseln glaubt, daß alle Dinge beseelt sind. Die Welt ist voll guter und böser Geister oder *Purba,* die auf den acht Stufen des Himmels und der Unterwelt leben und je nach Umständen schaden oder heilen können. Ist jemand erkrankt, so umschmeichelt, beschwatzt und überlistet der Schamane den bösen *Purba.* Dämonen wie die geflügelte Katze mit der Schlange im Maul können Männer-, Frauen- und Kinderseelen entführen und in magische Festungen bringen, wo diese Tiere ihr Lager haben. Der Schamane oder *nele* verfolgt die entführte Seele in seinem Geisterkanu und kämpft mit dem Tier, um sie zu retten. (Applikation, San Blas-Inseln, Cuna, Panamá)

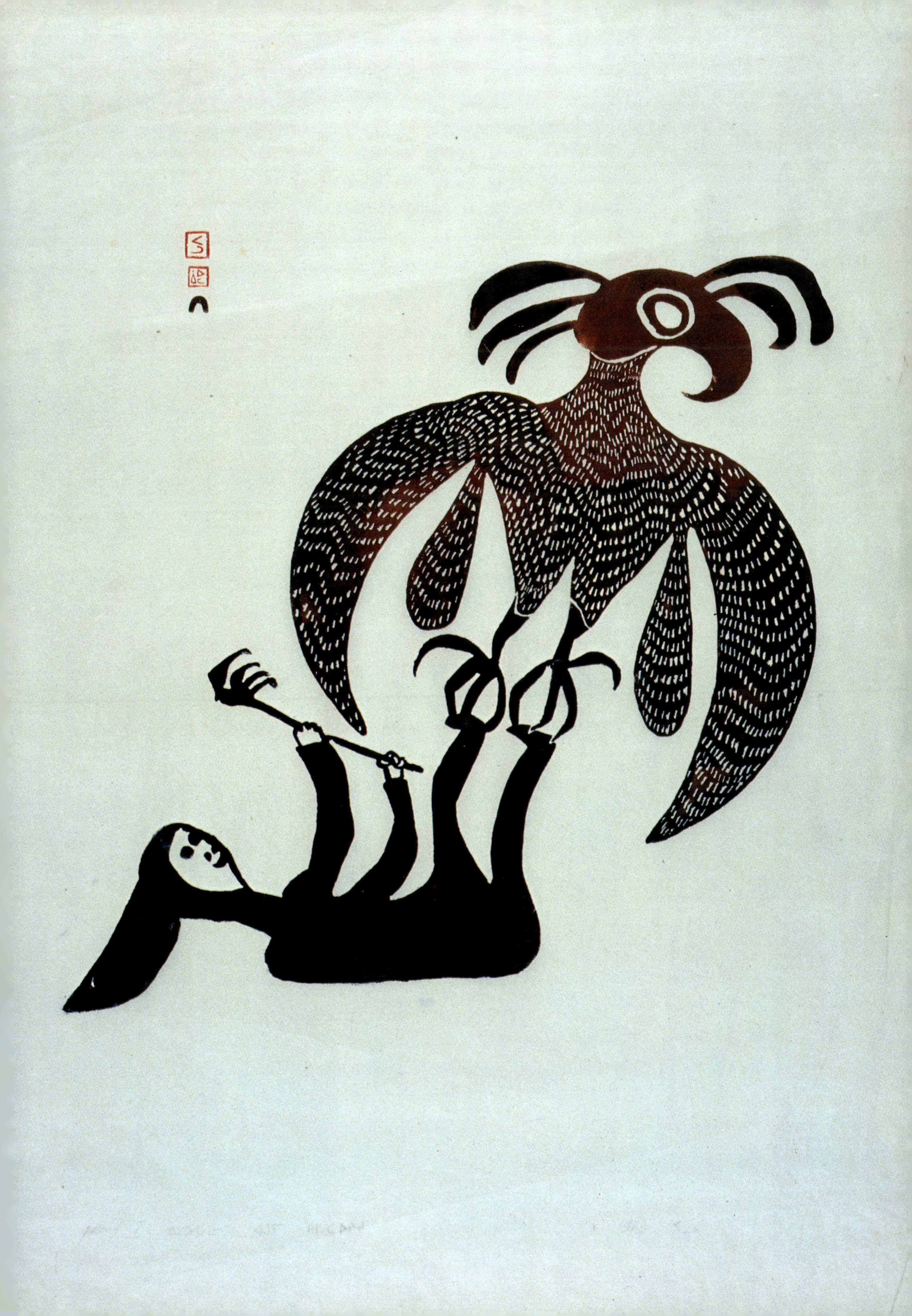

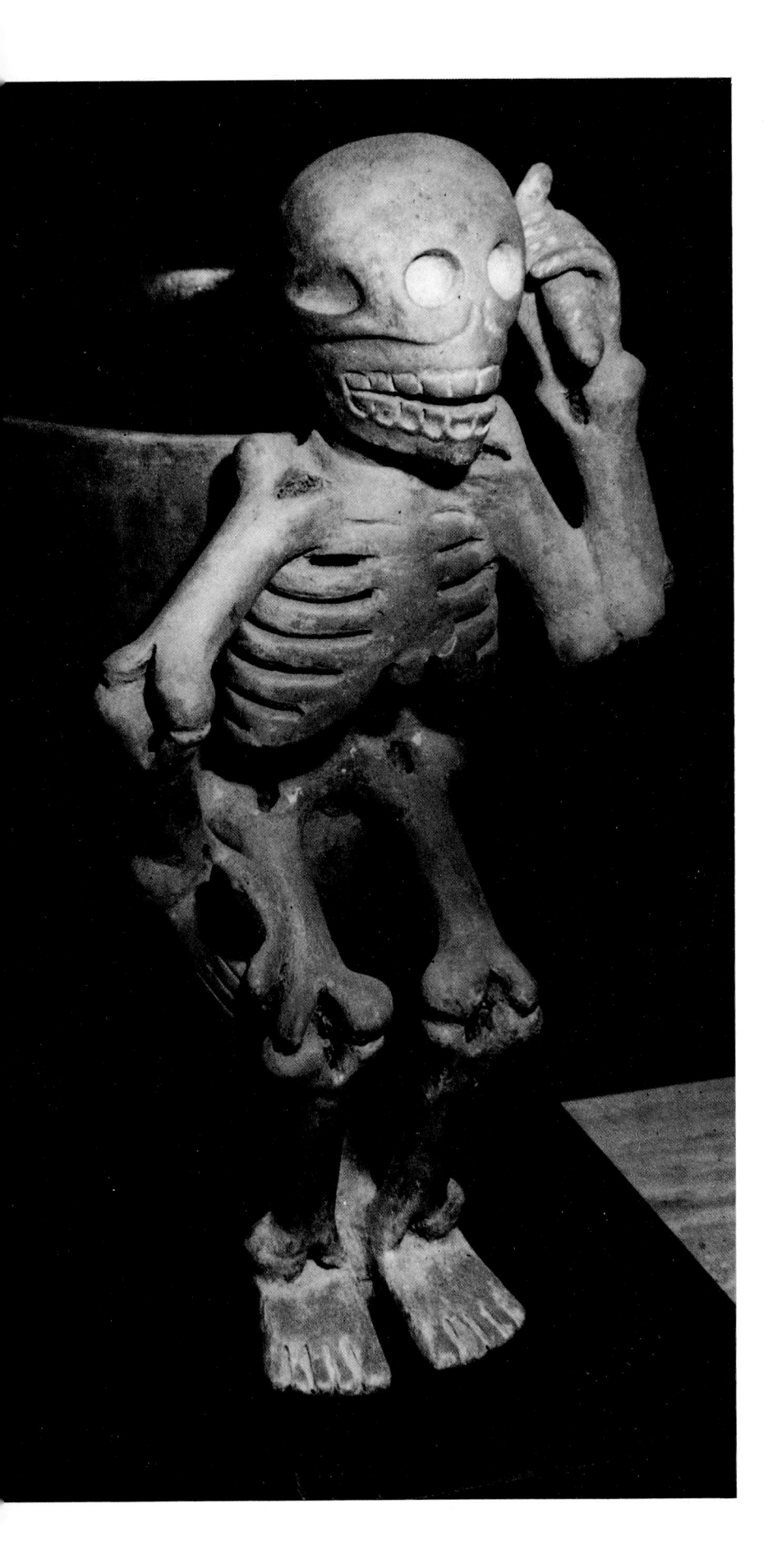

Ein Skelett hält das Opfermesser in der Rechten und das Hirschgeweih der Wiedergeburt in der Linken. Damit ist die transformative Natur des Todes angedeutet. Die Erfahrung des Schamanen von Tod und Wiedergeburt gipfelt in seiner Auferstehung aus der »Knochenwurzel«. Das Messer symbolisiert die Selbstverwundung des Schamanen, Hirsch und Geweih seine Reise ins Jenseits. (Opfergefäß, mixtekisch, Zaachila, Oaxaca, Mexiko, ca. 1400 n. Chr.)

Der Geist, der den Novizen zunächst vernichtet, kann nach den überstandenen Initiationsqualen zu seinem Lehrer, Gefährten und Helfer werden. Bei vielen Eskimo-Völkern beispielsweise war die Initiation oft ein mit Verstümmelung, Gewalt und Zerstückelung verbundener Vorgang. Der Eskimo-Schamane Niviatsian berichtet, daß er von einem Walroß angegriffen und zugleich von zwei Dämonen aufgefressen wurde. Diese Schnitzerei zeigt einen Geist, der das Messer der initiatorischen Zerstückelung schwingt. (Schnitzerei aus Walknochen, Horn, Sehnen, Elfenbein und Stein von Karoo Ashevak, Spence Bay, Eskimo, 1972)

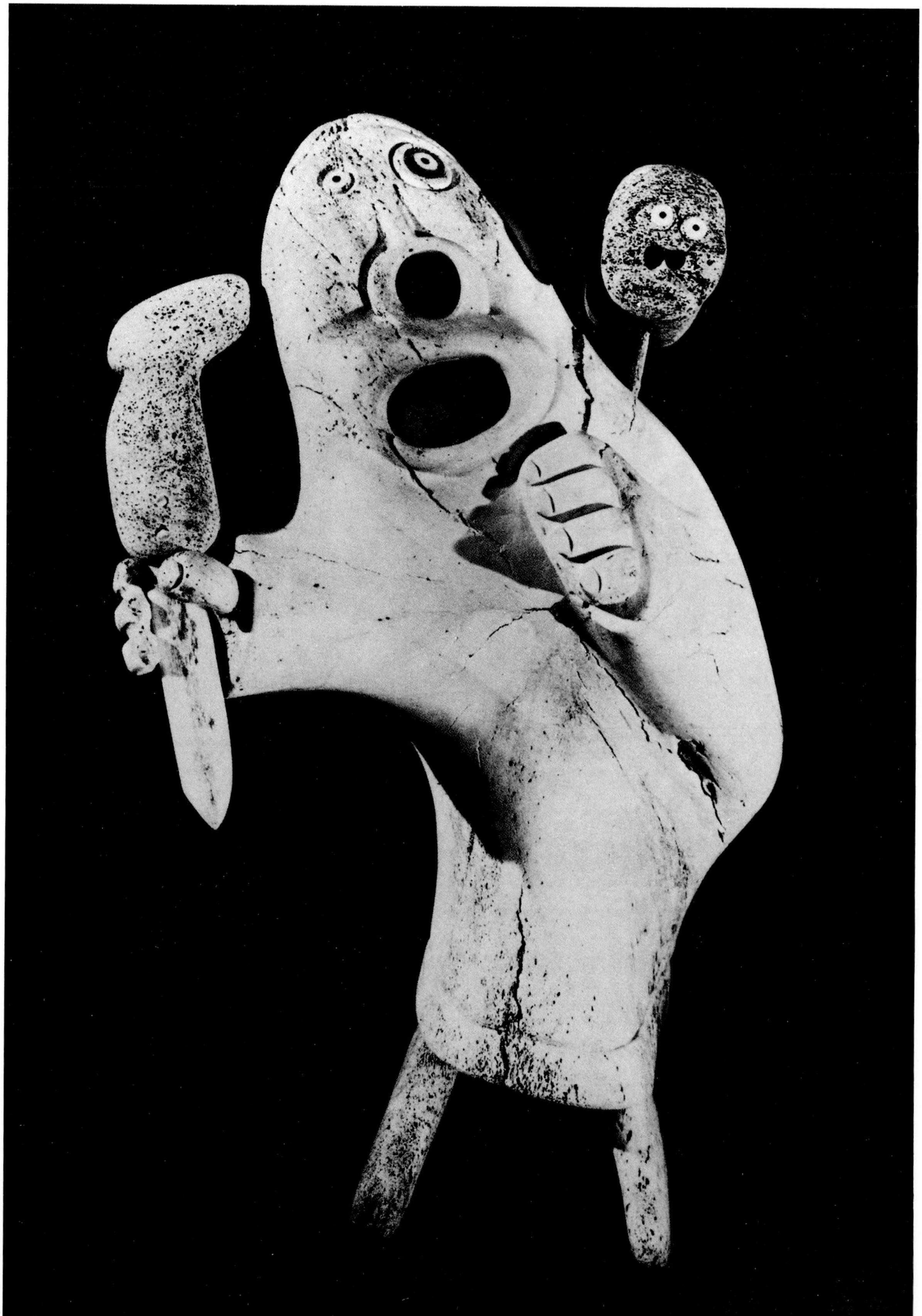

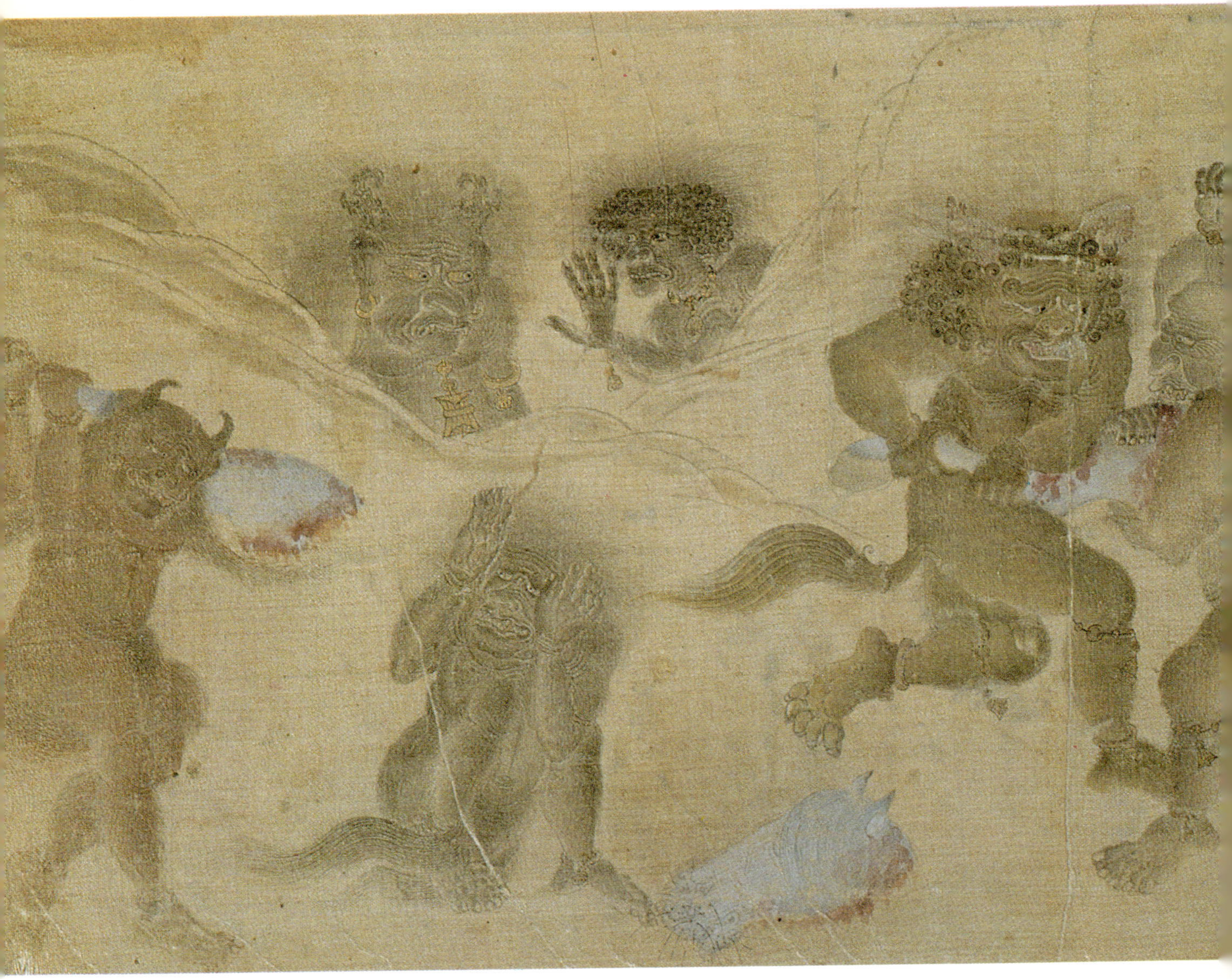

Diese chinesisch beeinflußte mongolische Malerei zeigt die böse Macht der Dämonen, die hier ein Opferpferd zerstückeln. Das Pferd gilt bei den Mongolen als Reittier der Toten und wird häufig mit dem Gestorbenen beigesetzt. Hier wird möglicherweise das Motiv der Selbstverwundung angedeutet, die ja in der schamanischen Initiation eine wesentliche Rolle spielt. Die Dämonen könnten demnach die verborgenen Naturgewalten darstellen. Diese sind dem um Erlösung von Mensch und Tier kämpfenden mongolischen Schamanen wohl bekannt. Die Zerstückelung läßt das Rohe und Ungezähmte zum Ausdruck kommen. Diese Darstellung der symbolischen Vernichtung des Lebens deutet an, daß der symbolische Tod notwendige Voraussetzung für die Erlangung der Schamanenkraft ist. (Malerei von Mehmed Sikah Qalem, turko-mongolisch, 14. Jh.)

Die grüne Stoffmütze des Schamanen Tulajev von den sibirischen Karagassen ist bestickt mit einer Wolfsschnauze, dem Mond und den Sternen. Angenähte Eichhörnchenschwänze und Federn ehren die Tiergefährten des Schamanen. Hinten hängt ein mit Sternen geschmücktes Band, das das Rückgrat des Trägers symbolisiert. Die vorn angebrachten Streifen aus blauem chinesischen Stoff deuten die Rippen und das Brustbein an. Auf beide Ärmel wurden Armknochen appliziert. In diesem Skelettgewand ist der Schamane nach überstandener Zerstückelung durch feindselige Geister vor weiteren Angriffen gefeit. (Foto von Petri, ca. 1927. Vgl. Lommel, *Schamanen und Medizinmänner,* S. 25 u. 221 f.)

Rechts:
In der schamanischen Welt der Menschenfresser, Sklaven und Reisen in die Unterwelt sind Darstellungen von Skeletten keine Seltenheit. Diese menschliche Figur aus dem Kulturraum der Nordwestküste Amerikas trägt eine Strahlenkrone. (Zeichnung nach Wellmann, 1979, Felszeichnung aus Monsell, Kultur der Selischindianer, Nanaimo River, British Columbia)

Gegenüber:
Der Griff dieser Schamanentrommel der Eskimo stellt einen Schamanen dar, dessen Eingeweide sichtbar sind und der ein Kanu zwischen den Lungen trägt. Die wurmartigen Zacken symbolisieren Hilfsgeister. In vielen schamanischen Kulturen werden die lebenswichtigen Organe des Novizen entfernt und durch neue oder Kristalle ersetzt. Diese magische Operation ist eine Variante der Zerstückelung. Der Novize wird tödlich verwundet, um auf höherer Seinsebene wiedergeboren zu werden. Im vorigen Jahrhundert benutzte eine Schamanin die hier gezeigte Trommel unter anderem für Wettervorhersagen. Wendete sie die Figur nach außen, dann zeigten die Füße das Wetter an. (Trommelgriff, Holz, Walroßmagen, Menschenhaar, Tierzähne, Schnur, rote und schwarze Farbe; Nelson Island, Lower Kuskokwim, Alaska, gesammelt Ende des 19. Jhs.)

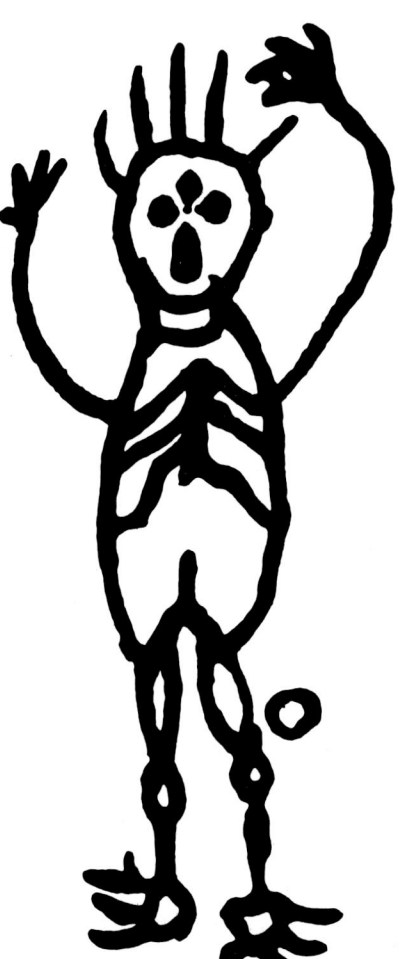

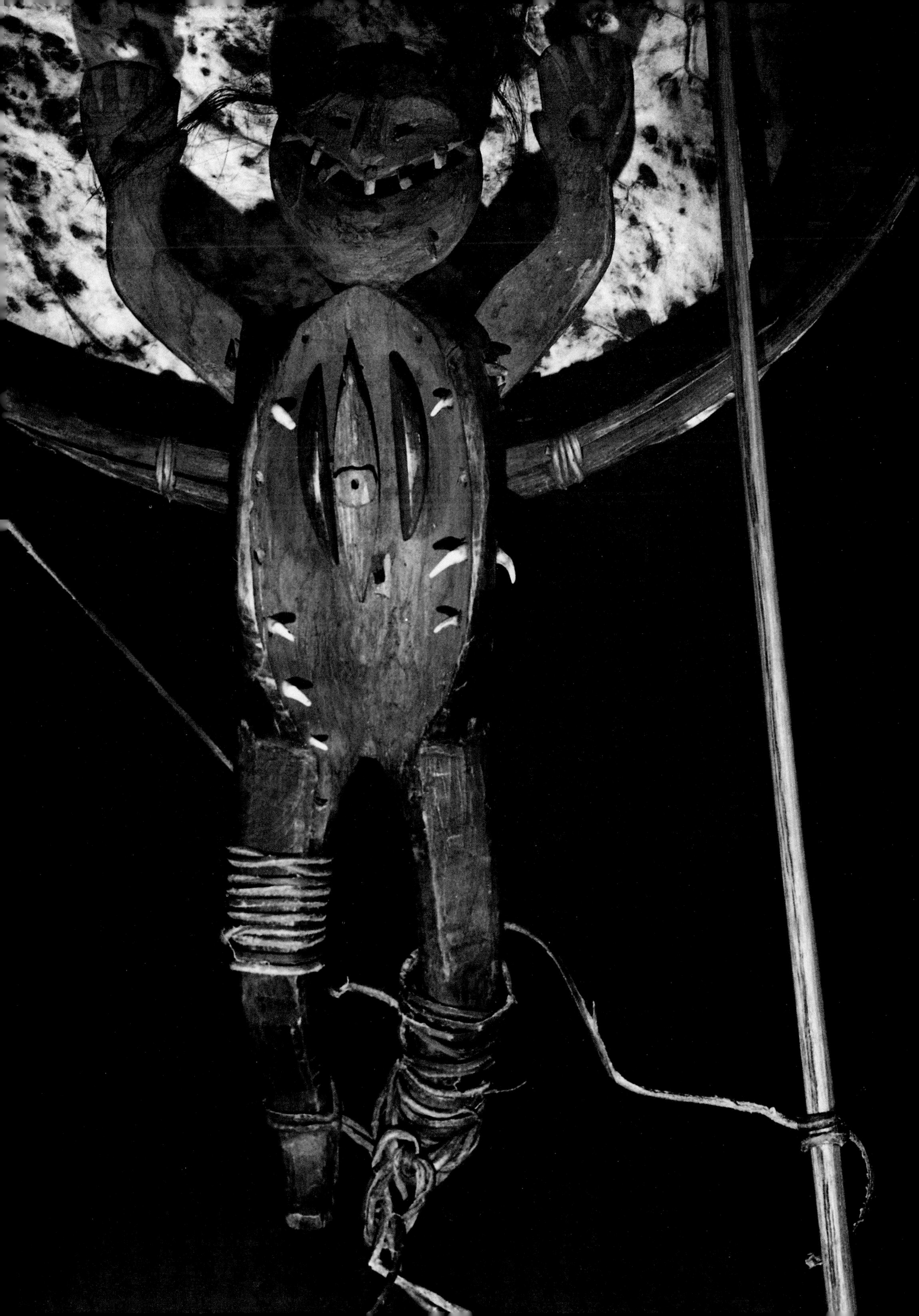

Die Chumash verehren vor allem die Sonne. Das wichtigste Ereignis im Jahr war für sie die Wintersonnenwende. Zu dieser Zeit beobachteten sie in einer Höhle durch einen Spalt die Sonne. Der Fund dieser Höhle ist von enormer wissenschaftlicher Bedeutung, zumal man Malereien wie die obige fand. Alle drei Figuren haben mit Regen und Wasser zu tun: Der Frosch (rechts) als Wächter der Flüsse; der Molch (Mitte), dessen Brutzeit mit dem Regen zusammenhängt, der auf die Sonnenwende folgt; und der Wasserläufer (links). Zum schamanischen Sonnenwendritual gehörten Gebete und Lieder an die Sonne, mit denen man das lebensnotwendige kosmische Gleichgewicht zu erhalten hoffte. (Zeichnung nach Grant, *The Rock Paintings of the Chumash*)

Diese Rassel diente Schamanen der Nordwestküste Amerikas zur Beschwörung der Kräfte aus der Tiefe. Sie machte die Welt der übernatürlichen Wesen sichtbar und beherbergte zugleich deren Macht. So galt denn auch ihr Geräusch als Geisterstimme. Rasseln waren Begleitinstrumente für Gesang, Tanz und Gebet. Ihrer Herstellung widmete man große Sorgfalt – von der Auswahl des Holzes und der Pigmente für seine Bemalung bis hin zu den Körnern, Kristallen oder Steinen im Innern der Rassel. Wenn der Schamane unterschiedliche Materialien zu einem Sakralgegenstand wie diesem zusammenfügte, war er sich seiner Mittlerrolle zwischen Diesseits und Jenseits zutiefst bewußt. (Sonnen-Mond-Rassel, Nordwestküste.)

53

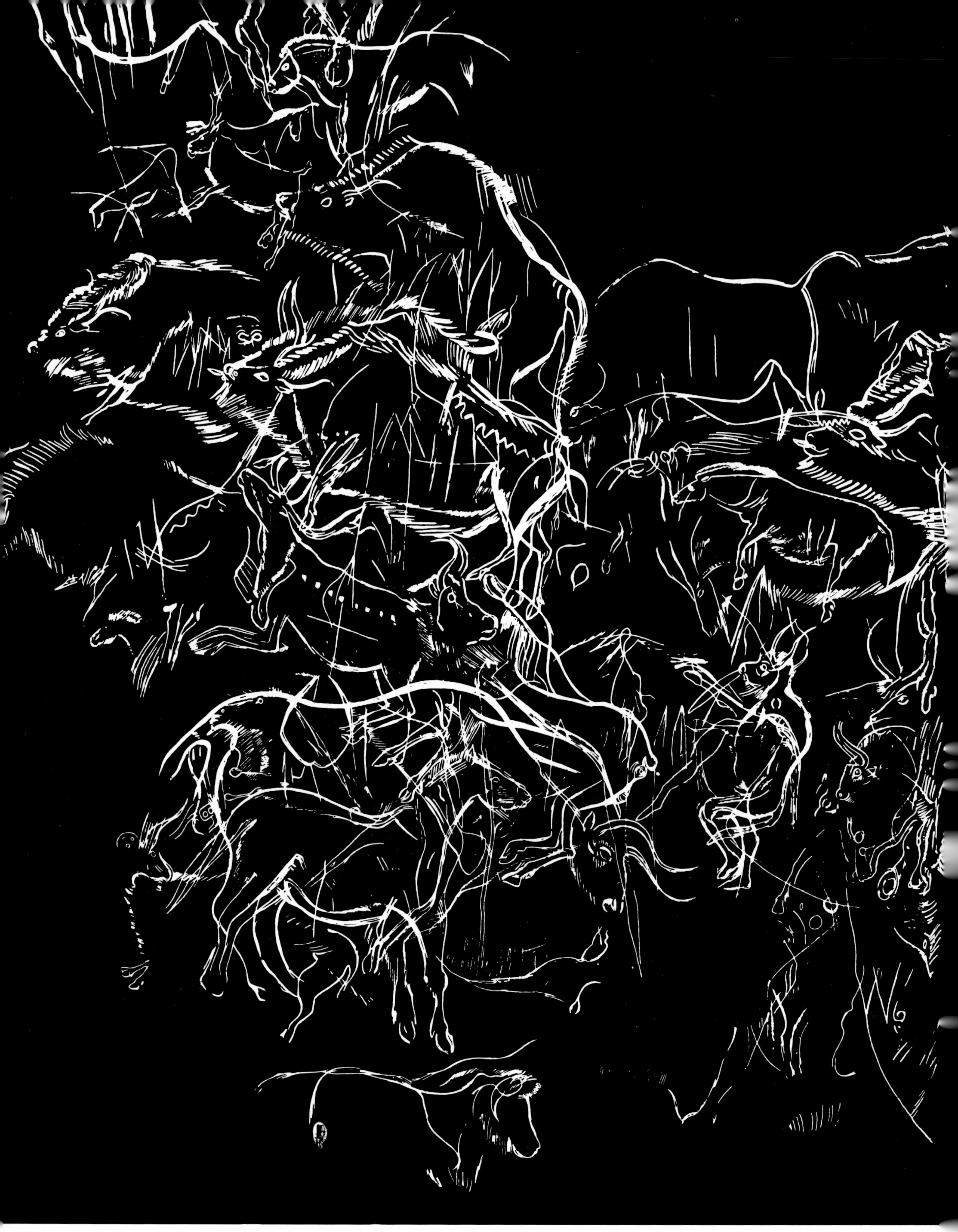

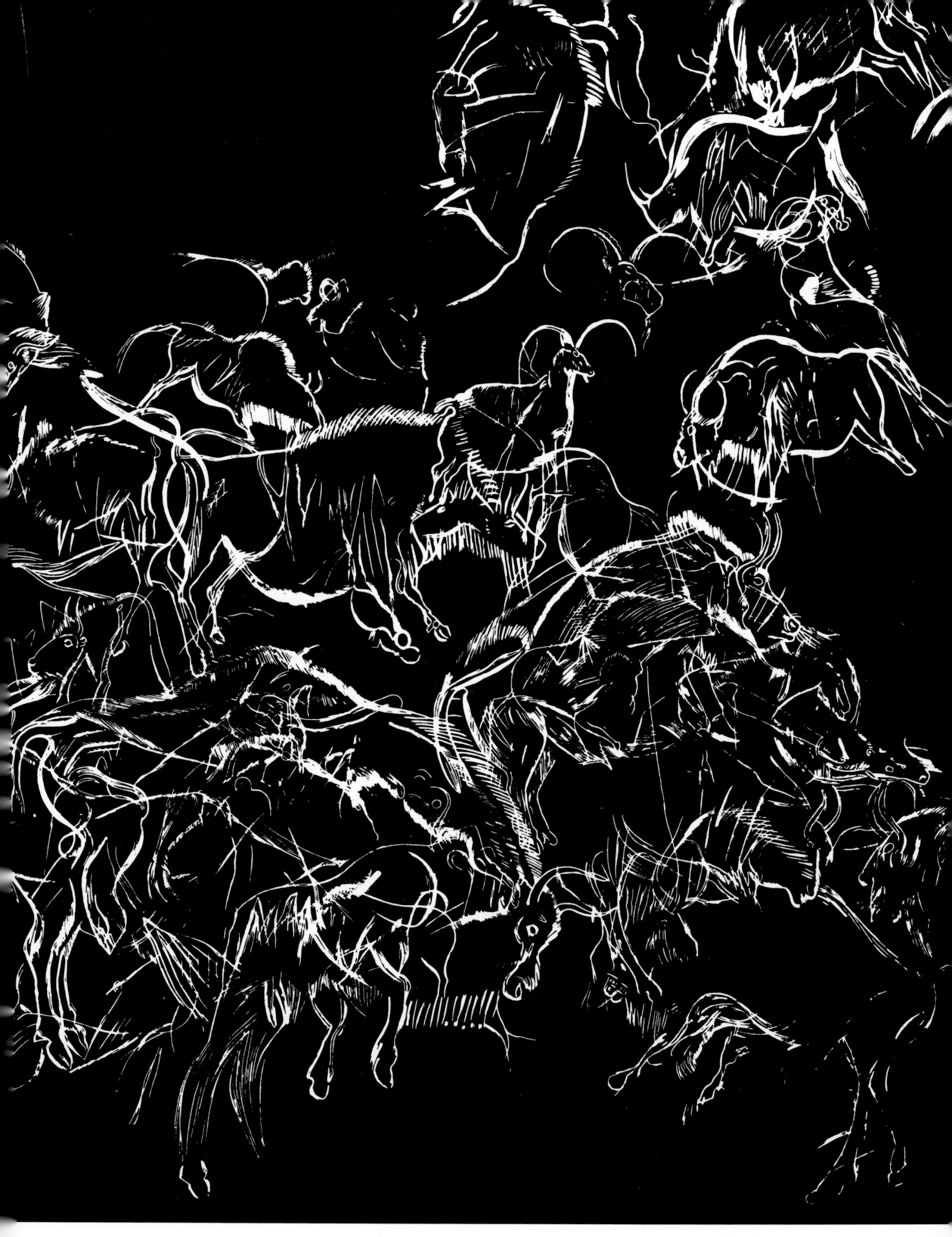

Erklärung nächste Seite

Vorige Seite:
Das Höhlenbild mit Bisons, Hirschen, Pferden und Löwen ritzte man vermutlich in die Wand, um die Tiere der Jagd magisch zu bannen. In der Mitte steht ein Bison-Schamane mit Jagdbogen. Selbst heute noch dient der Bogen in vielen schamanischen Kulturen der Geisterbeschwörung. Gleichzeitig soll er die angelockten Geister in den Körper des Schamanen lenken, während er sich in Trance befindet. So wirkt der Bogen als Brücke zwischen Erde und Himmel und verbindet Geist und Materie. (Zeichnung von Henri Breuil nach einem Felsbild in Les Trois Frères, Ariège, Frankreich, Magdalénien, Paläolithikum)

Oben:
Lappländische Schamanen dienten am Hof Iwans des Schrecklichen als Wahrsager. Man glaubte, daß ihre Seelen auf Reisen gehen und über Ereignisse aus weiter Ferne berichten konnten. Die religiösen Bräuche der Lappen ähneln denen sibirischer Völker. Ein Europäer des siebzehnten Jahrhunderts illustrierte das Leben der Lappen: (1, 2) im Winter wurden die Steuern in Form von Pelzen und Dörrfisch an den königlichen Bevollmächtigten entrichtet; (3, 4, 5) man reiste in Rentierschlitten; (6) ein Rentier wird erlegt oder geopfert und frißt vielleicht vom halluzinogenen Fliegenpilz; (7) drei Männer, darunter der Schamane mit seiner Trommel, trinken einen Sud, vermutlich von Fliegenpilzen; (8) Schamane und Rentier; (9) beide stürzen; (10) der Schamane liegt in Trance unter seiner Trommel, während ein halb reh-, halb vogelförmiger Geist amtiert; (11) der Schamane erhebt sich wieder. (»Das Leben der Lappländer im Winter«, anonymes Aquarell, 17. Jh.)

Rechts:
Vor der Einführung des Alkohols war der Genuß des Fliegenpilzes bei den finno-ugrischen Völkern weit verbreitet. Der tanzende Schamane aus Kamtschatka singt und trommelt in wilder Trance, wohl durch den Pilz berauscht. Der Heilungsgesang eines Jukagiren-Schamanen zeugt von der Kraft des sibirischen Schamanismus:

> hört
> ich bin Schamane
> Geister steigt auf
> schart euch um mich
> Geister der Tiere
> erhebt euch nun
> helft mir
>
> höre du
> Unsichtbarer
> mein Schrei ist ein Sturm
> und überzieht die Welt
> verlasse diesen Mann
> diesen Kranken hier
> hebe dich von diesem Mann
> hinweg

(Cloutier, *Spirit, Spirit,* S. 11.)

(Farbradierung aus *Mœurs et costumes de la Russie,* 19. Jh.)

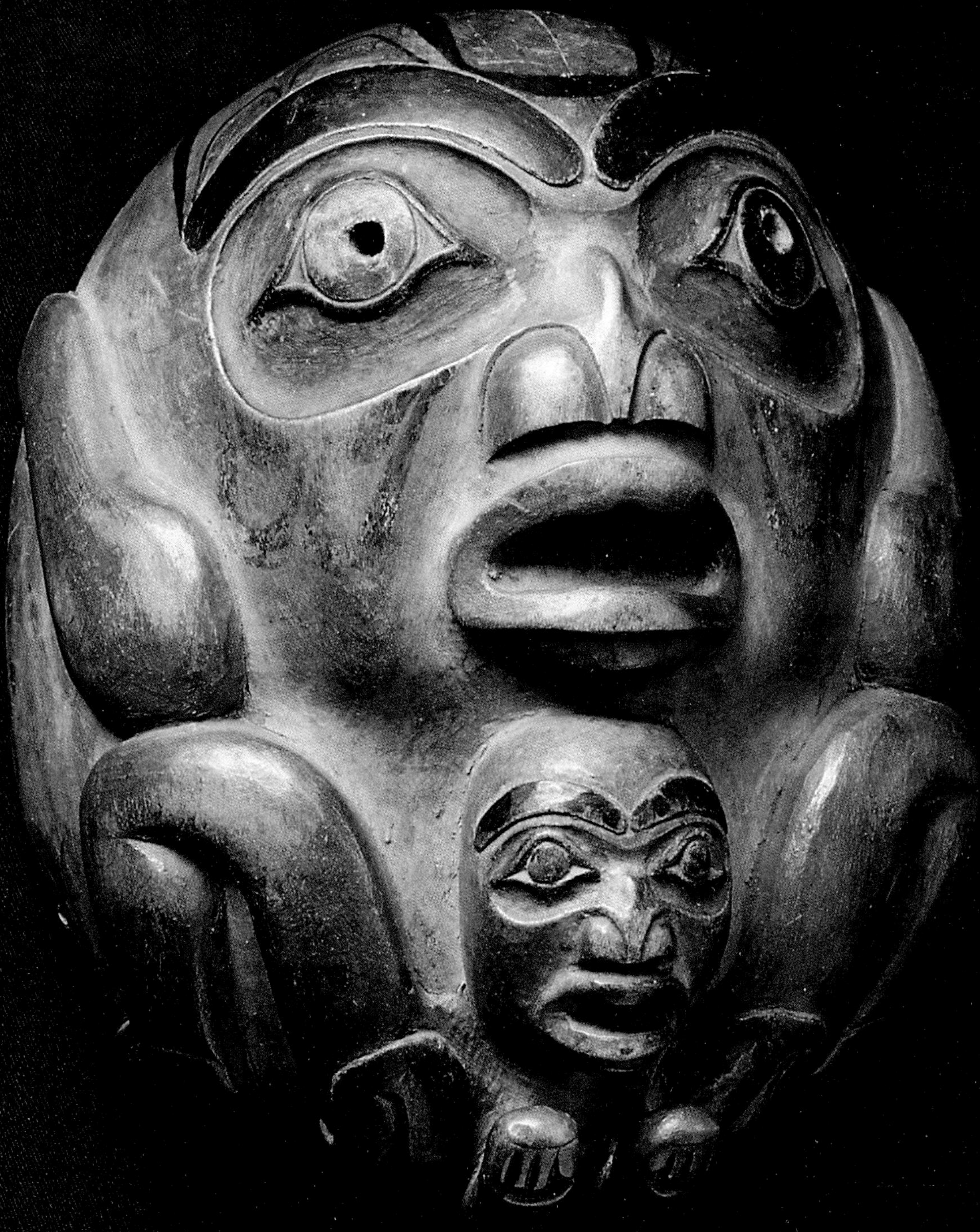

Dieses Rasselfragment schmücken zwei wohl durch den Schamanen beschworene singende Geister. Der Schamane gehorcht mit seinem Gesang der in ihm wirksamen Macht. Im Grunde wird er *gesungen* und *getanzt*. Kunst ist hier lebendiger Ausdruck der Welt der Visionen, zu welcher staunend erwacht, wer den Tod überwunden hat. Das folgende Lied hörte Lalalawrdzemga, als sie krank war; später heilte sie andere damit:

In deiner Kehle ist lebendiges Lied
Lied des lebendigen Geistes
Sein Name ist Langes-Leben-Spender

. . .

Ja ich komme zu heilen
Mit der heilenden Kraft
Der Magie-des-Bodens
Und der Magie-der-Erde

. . .

Fahre fort arme Freundin
Sing mit dem heilenden Geist
Mit der Magie-des-Bodens
Und der Magie-der-Erde

. . .

Und du wirst zum Leben erwachen
Durch die Macht der Worte
Durch die Magie-des-Bodens
Und die Magie-der-Erde

    (Cloutier, *Spirit, Spirit*, S. 77 f.)

(Rasselfragment, farbig bemaltes Holz, Nordwestküste Amerikas, gesammelt Ende 19. Jhd.)
Dieser Pfosten diente den Tsimshian für den zeremoniellen Einzug ins Haus des Haidzermerhs. Die Toröffnung galt als »Öffnung des Himmels«. Hier begann die Himmelfahrt des Schamanen. (Holzpfosten, geschnitzt von Hoesem-hliyawn, Tsimshian, Kitwancool, Skeena River, British Columbia, ca. 1870)

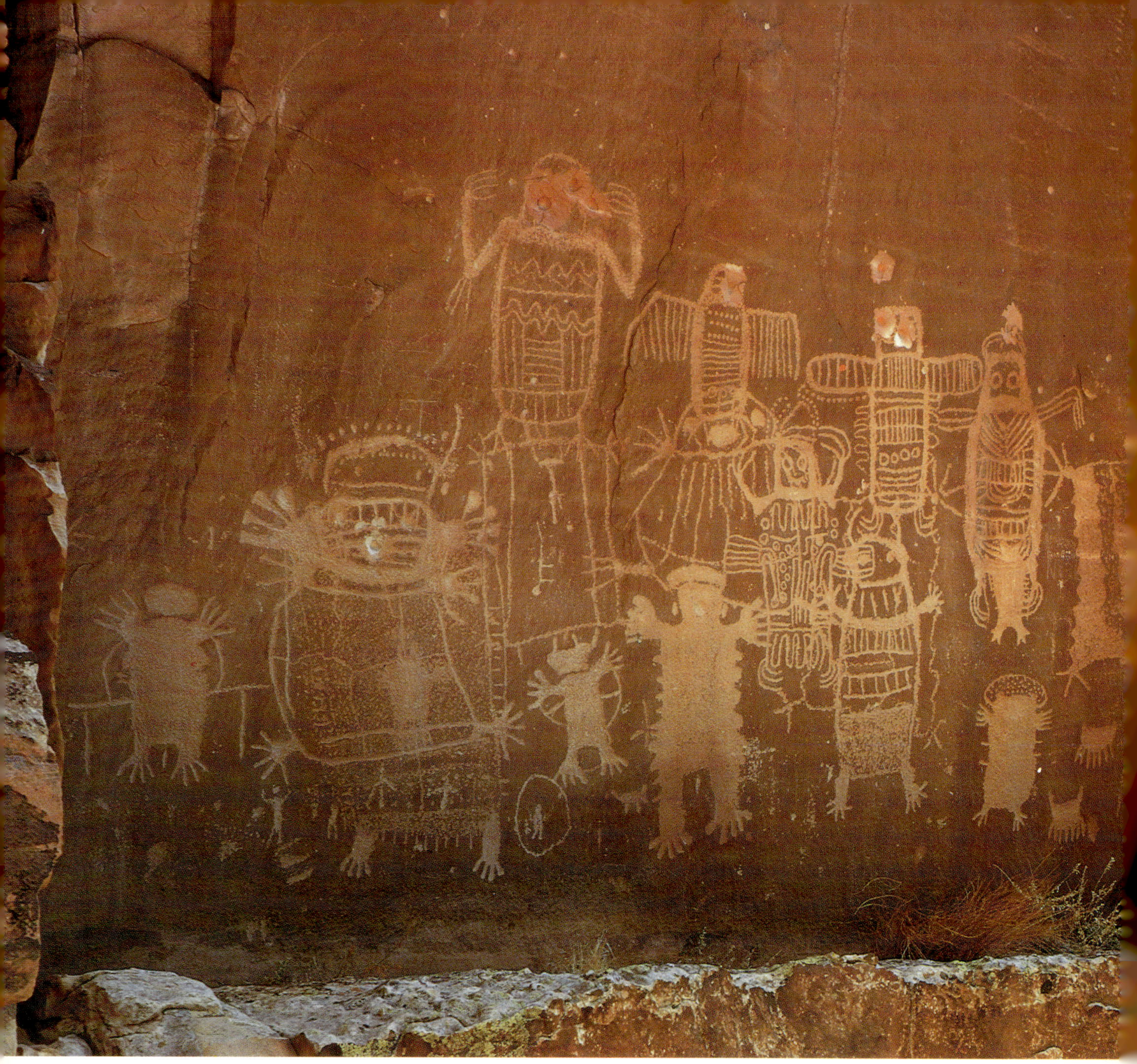

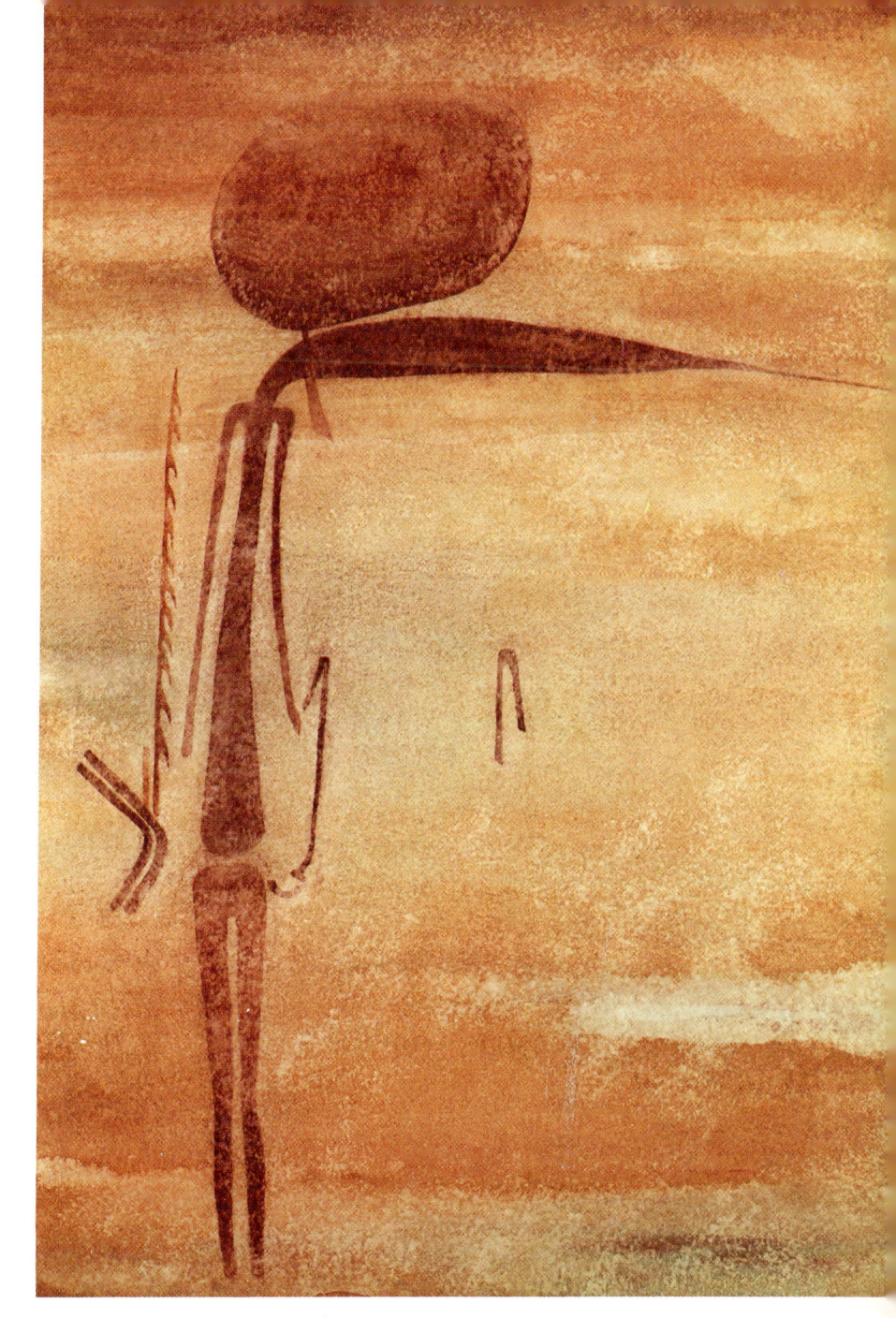

In den dünn besiedelten Great Plains Nordamerikas lebten verschiedene halb seßhafte Völker. Erst spät, nach Einführung des Pferdes durch die Europäer, entstand hier eine relativ einheitliche Kultur. Ihre gemischte Herkunft zeigt sich in der Felsmalerei dieses weiten Gebiets. Die hier abgebildeten menschenähnlichen Wesen sind von strahlenden Kraftlinien umgeben, ihr Inneres wird in geometrischen Mustern dargestellt. Einige Figuren tragen Geweihe wie Schamanentänzer. Bei anderen handelt es sich wohl um Geistervögel, vielleicht Hilfsgeister des Medizinmannes. (Gemeißelte Höhlenzeichnung, Indianerreservat Wind River, Obere Dinwoody-Seen, Wyoming)

Dieses alte Felsbild aus Australien zeigt einen Geist oder eher noch einen Schamanen. In seiner Nähe sehen wir die Waffen der irdischen Jagd: Speer, Speerwerfer, Bumerang und Schleuder. Der »physische« Kopf der Figur scheint sich zu verflüchtigen, eine Sonnenscheibe nimmt seinen Platz ein. Diese Figur der Traumzeit symbolisiert die häufig zu beobachtende magische Beziehung zwischen der Jagd der Primitiven und dem Sonnenthema. (Zeichnung von Lommel nach einem Felsbild, Australien)

Die finno-ugrische Schamanin in Ekstase wirbelt wie ein geflügeltes Reh umher. Ihre Trance beruht vermutlich auf dem Genuß des Fliegenpilzes. Ihr Gewand ist mit Pelzen, Raubvogelflügeln und Eisenstücken verziert. Sie gleicht selbst einem außerirdischen Wesen.
Das folgende Lied der sibirischen Sojoten schildert ihr ekstatisches Erlebnis:

Schamanentrommeln
Oh, meine vielfarbige Trommel
[die du stehst] in der vorderen
    Ecke!
Oh, meine lustige bemalte
    Trommel,
Hier [stehst du ja]!
Mögen [deine] Schulter und
    [dein]
Hals stark sein.

Höre, oh höre mein Pferd – [du]
    Ricke!
Höre, oh höre mein Pferd – [du]
    Bär!
Höre, oh höre [du Bär]!

Oh, bemalte Trommel [die du
    stehst]
        in der vorderen Ecke!
Meine Tragtiere – Rehbock und
    Ricke.
Schweig still dröhnende
    Trommel,
Fellbezogene Trommel,
Erfülle meine Wünsche.

Gleich jagenden Wolken, trag
    mich
Durch die Lande des Staubs
Unter bleiernem Himmel,
Stürme dahin wie der Wind
Über die Gipfel der Berge!

(Foto von Kurt und Margot Lubinsky)

(Harner, *Hallucinogens and Shamanism,* S. 51)

Gegenüber, unten:
Der Eskimo-Zauberer wird auf seinem magischen Schlitten von einer Geistergans durch den Nachthimmel getragen. Die arktische Graugans ist ein verehrter Vogel, der in den Mythen, Liedern und Abbildungen vieler Eskimovölker erscheint. Sie gilt als besonders widerstandsfähig. Wie der wilde Gänserich der europäischen Mythologie ist sie im Wasser, auf dem Land und in der Luft zu Hause. Sie kennt die drei Daseinsformen und gilt daher als Hilfsgeist der Schamanen. (»Am Nachthimmel«, Steindruck von Mary Pitseolak, Kap Dorset, Eskimo, 20. Jh.)

Der taoistische Unsterbliche Li tie-guai (»Eisenkrücke«) konnte angeblich seinen Körper nach Belieben verlassen und zu Gesprächen mit seinem Meister Laozi in den Himmel fliegen. Einmal kehrte er nach einem solchen Ausflug zur Erde zurück, konnte aber seinen Körper nicht wiederfinden und schlüpfte in den Leib eines eben gestorbenen Bettlers. So zog er auf seiner Krücke durch die Lande. Mitunter schickte er seine Seele zu weiteren Gesprächen mit dem Meister in den Himmel. Die Fähigkeit zu fliegen, mit den Toten zu sprechen und sich eines fremden Körpers zu »bedienen«, wird Schamanen in vielen Kulturen nachgesagt. (Seidenmalerei von Yan Hui, China, 13. Jh.)

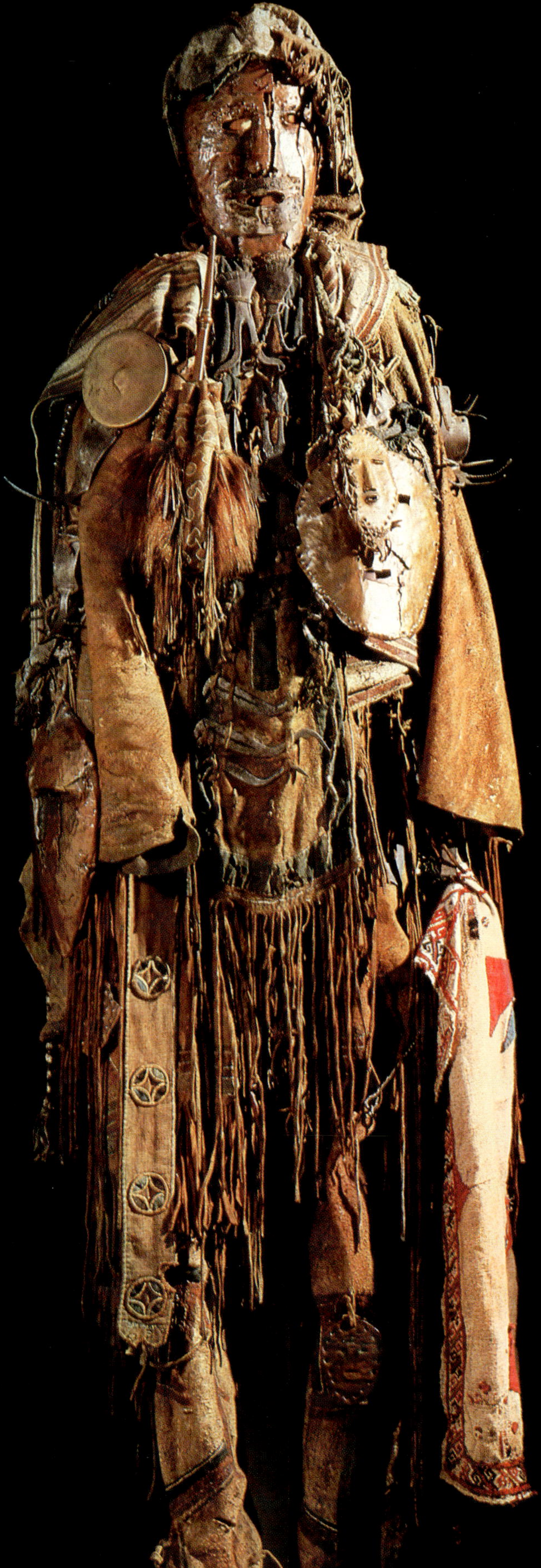

THEMEN

Ein maskierter, gehörnter Schamane hält eine Kornähre und einen Pflanzstock. Diese Figur befindet sich an einer Canyon-Wand im Südosten von Utah. Man weiß nicht, wann sie entstand. Das Geweih deutet auf Jägertum, die Ähre auf Ackerbau, das heißt eine spätere Kulturstufe. Viele Indianerkulturen, die noch Schamanismus praktizieren, haben sich Merkmale früher Ernährungsformen und Sozialstrukturen bewahrt. Schamanen waren stets die Hüter religiöser und weltlicher Überlieferungen. Daher verbinden sich im Schamanismus häufig archaische Kernelemente der betreffenden Kultur mit zeitgenössischen Zügen. (Siebdruck nach einem Felsbild, Südost-Utah)

Der chinesische Orakelspiegel an der rechten Schulter des sibirischen Schamanen dient ihm dazu, ins Jenseits zu blicken und die verlorenen Seelen der Toten zurückzuholen. Bildnisse von Hilfsgeistern schmücken sein Gewand. Auf dem Rücken trägt er die symbolischen Knochen seiner Wiedergeburt. Die Glocken sagen ihm, was er wissen muß. Flechtwerk, Anhänger und Bänder werden als »Schweif« und »Flügel« bezeichnet und symbolisieren seine Fähigkeit zu fliegen. Weitere typische Motive auf sibirischen Schamanengewändern sind der Regenbogen, der Weltenbaum und das Sonnentor sowie bestimmte Knochen und Organe. (Schamanenkostüm, tungutisch, Sibirien, spätes 18. Jh.).

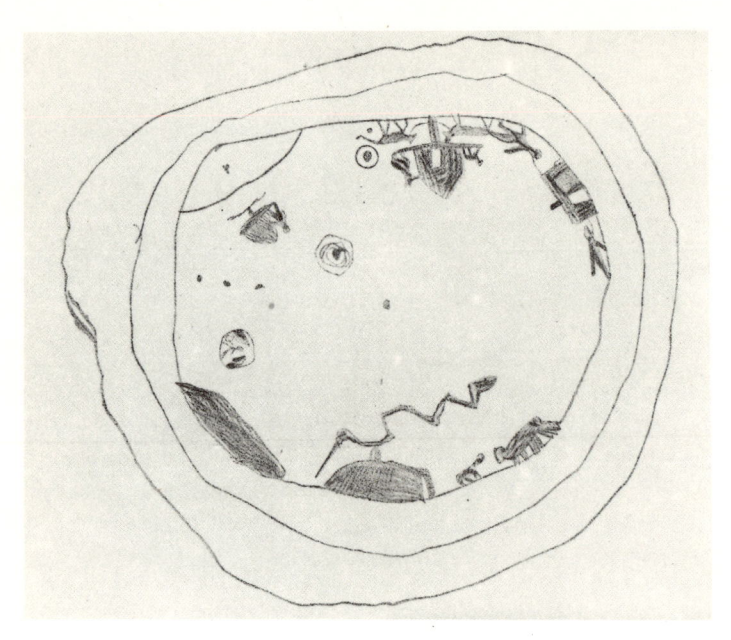

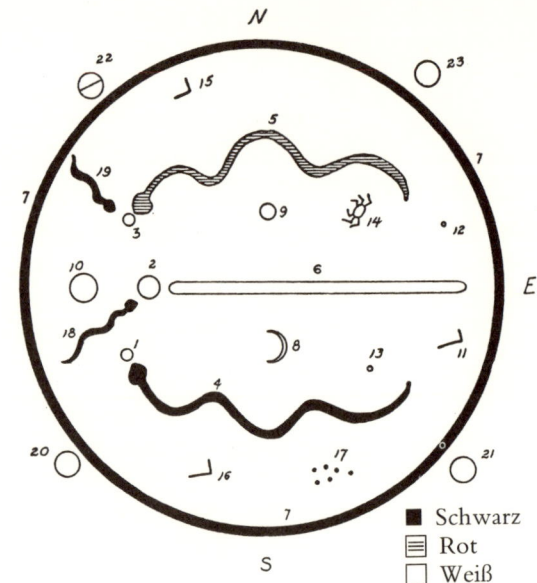

KOSMISCHE KARTEN

In Trance zeigt sich dem Schamanen eine kosmische Topographie, die er in Symbolen, Liedern und Tänzen an sein Volk weitergibt. Schamanen sind Zeichner kosmischer Pläne und Darsteller der Mythen. Die gestufte Welt, die sie innerlich durchwandern, hängt für sie durchaus mit der sogenannten Realität zusammen. Die meisten der hier abgebildeten Pläne werden jeweils nur kurz beschrieben, sind aber in Wirklichkeit höchst komplex und ausgeklügelt.

Die konzentrischen Kreise stellen die drei Welten der Tschuktschen dar. Der innerste symbolisiert die gewöhnliche Welt, mit dem Polarstern in der Mitte. Links stehen Sterne, Sonne und Mond, letzterer mit zwei menschlichen Gefangenen; unter ihm der schwarze Berg der Finsternis, daneben das Erdhaus eines *kelet* (Geistes). Zwei *kelet* gehen auf allen vieren, ein Stachelwurm ringelt sich über das Haus. An das Haus der linken Dämmerung sind zwei Mörder gebunden; das Haus der wahren Dämmerung steht auf einem Pfahl, vier Hunde sind angebunden; oben links in der rechten Dämmerung steht das Pfahlhäuschen der Frau Morgenrot, Venus zu ihren Füßen. (Zeichnung aus der Sammlung W. Bogoras; aus Bogoras, *The Chukchee*)

Der kosmische Plan der Diegueños wird in Erdbildern dargestellt, die bei Mannbarkeitsritualen gezeichnet werden. Der Kreis ist der Horizont, der breite weiße Strich die Milchstraße. (1, 2, 3) Mörser und Stößel für halluzinogene Drogen; (4, 5) Klapperschlange; (6) Milchstraße; (7) Rand der Welt; (8) Neumond; (9) Vollmond; (10) Sonne; (11) Steppenwolf; (12) Bussardstern; (13) Krähe; (14) Schwarze Spinne; (15) Wolf; (16) Orion, Bergschaf; (17) Pleiaden; (18, 19) Schlangen; (20-23) Berge. (Zeichnung nach einem Erdbild, Diegueño, Süd-Kalifornien)

Die Zeichnung zeigt die Spur eines Tschuktschen-Schamanen, den Pilzmännchen ins Jenseits geleiten. Es sind die Geister des halluzinogenen Fliegenpilzes. Zuerst glaubt der Schamane, ein Rentier zu sein. Dann »versinkt« er (in Trance). Die Pilzmännchen sollen klein, aber sehr mächtig sein und in einem eigenen Land leben. (Zeichnung aus der Sammlung W. Bogoras; aus Bogoras, *The Chukchee*)

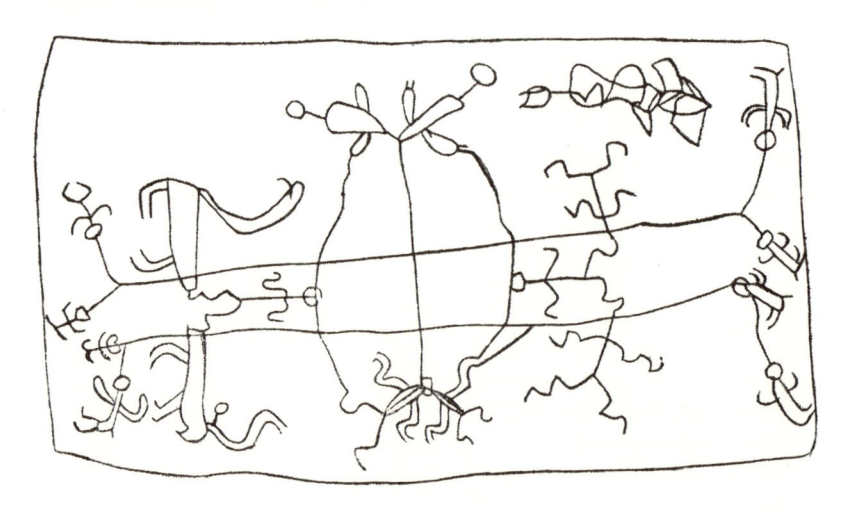

Auf die Trommel des Lappen-Schamanen wurde eine mythologische Landkarte gemalt. Folgende Figuren sind abgebildet: (1) Donnergott mit Hammern; (2) Welt-Mann mit Symbol des Überflusses; (3) Wind-Alter, der im Wald lebt und von dort die Winde aussendet; (4) Himmelsschamane; (5) Gott der Krankheit; (6-8) Opfertiere – Henne, Rentier, Schaf; (9) Grenze zwischen Himmel und Erde; (10-12) festliche Männer; (13) Sonne; (14) Dorfstraße mit Kirche, Haus, Kuh und Ziege; (15) Opferpferd; (16) Schamane der Unterwelt; (17) Unterwelt mit Kirche und Haus; (18-20) Juksakka, Sarakka, Madderakka; (21) Fischteich – Fische sind Reittiere der Unterwelt; (22) Lappendorf; (23) Leibolmai; (24) Bär. (Aus Gray, *The Mythology of All Races*, Bd. 4)

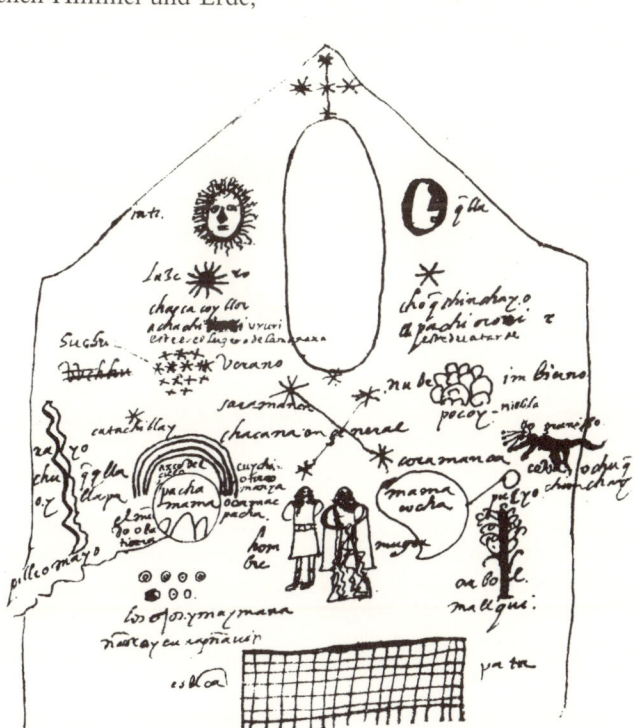

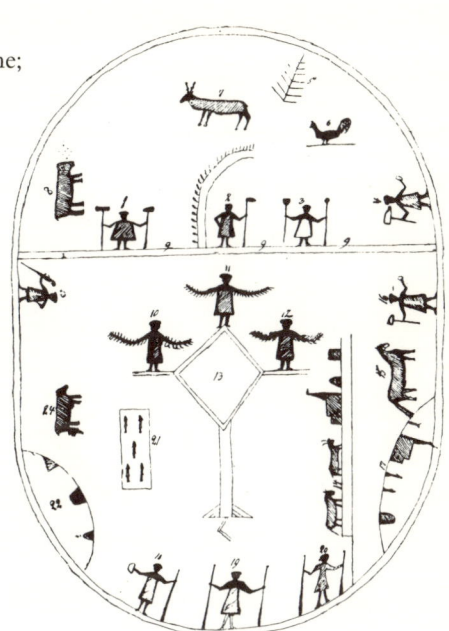

Dieses Kosmogramm der Inka stellt nach Douglas Sharon die tages-, jahres- und sternzeitlichen Rhythmen der Natur dar. Es zeigt die positiven und negativen Einflüsse auf alles »Leben der Menschen, Pflanzen und Tiere auf Erden«. Die Zeichnung wurde vom eingeborenen Chronisten Juan de Santacruz Pachacuti-Yamqi nach einem Wandbild über dem Hauptaltar des Sonnentempels in Cuzco, Peru, angefertigt. Oben sehen wir Orions Gürtel, Sonne, Mond, Morgen- und Abendstern; in der Mitte Sommerwolken, Winternebel, Hagel und Koka-Katze; links vom Kreuz des Südens Mais- und Kokaschüsseln, Pacha-Mama und Regenbogen; rechts die Meeresmutter; über dem Altar (unten) Pilcomayo, den Herrn der Erde, die Pleiaden, Mann, Weib und Baum. (Aus M. Jiménez de la Espada, *Tres Relaciones de Antigüedades Peruanas*, 1879)

Die oben dargestellte Inka-Kosmologie spiegelt sich im *mesa* oder Altar des peruanischen Schamanen. Die dreifache Stufung der magischen Gegenstände symbolisiert die Vereinigung des männlichen und weiblichen Prinzips, Zeugung und Wiederbelebung. Der Kanister enthält Saft des halluzinogenen San Pedro-Kaktus; links lehnt ein solcher Kaktus.

WEGE IN DIE UNTERWELT

In einigen schamanischen Kulturen ist die Initiationsreise unsichtbar, oder der Novize muß durch Spiralen und Labyrinthe, über gewundene Pfade, gerade Linien und Wege aller Art. Besonders charakteristisch für die Pilgerfahrt in die Abgründe der Mysterien ist das Labyrinth. Die magische Reise ist ein Sinnbild für die Emanzipation der menschlichen Seele von ihrer Bindung an Zeit und Raum.

Diese ungewöhnliche sibirische Zeichnung erzählt, wie der Schamane des Nyurumnal-Klans Unheil über den Momol-Klan sandte und zeigt eine Heilungsséance. Die Ziffern bedeuten:

(1) der Fluß Podkamennaja Tunguska;
(2) seine Zuflüsse;
(3) Gebiet des Momol-Klans;
(4) heiliger Baum des Klans;
(5) Herrin des Klangebiets;
(6) Schutzpatron des Klans;
(7) Geisterwächter;
(8) Gebiet des Nyurumnal-Klans;
(9) sein Kultplatz;
(10) seine Geisterherrin;
(11) Wohnung des Schutzpatrons;
(12) seine Geisterwächter;
(13) Schamanenzelt der Nyurumnal;
(14-15) Nyurumnal-Schamane und seine Helfer;
(16) Spur des Dämons, den der Nyurumnal-Schamane zur Vernichtung der Momol aussendet;
(17) Dämon durchbricht die Barriere der Momol, wird zum Holzwurm, dringt in einen Momol ein und beginnt ihn zu zerstören;
(18) Zelt des Kranken;
(19) seine Frau;
(20) Schamanenzelt der Momol;
(21) Schamane wahrsagt die Ursache der Krankheit;
(22) Momol, die an der Zeremonie teilnehmen;
(23) Geistergans des Schamanen;
(24) Geisterschnepfe des Schamanen; Gans und Schnepfe dringen mit den Schnäbeln in die Seite des Kranken ein, um den Dämon zu fangen;
(25) Spuren der Schamanenseele;
(26) Dämon entweicht, wird von Hilfsgeistern gefangen; der gespaltene Pfahl hält ihn, das Messer bewacht ihn;
(27) Eulen-Hilfsgeist des Schamanen schluckt den Dämon und trägt ihn zur Öffnung der Unterwelt;
(28) Eingang zur Unterwelt;
(29-31) Schamane sendet einen Hecht mit zwei Köpfen, um Rache an den Nyurumnal zu nehmen;
(32) Hecht entreißt seinem Opfer die »Körperseele«;
(33) Hecht entführt die Seele;
(34) »Körperseele«;
(35) Momol-Schamane baut einen Zaun aus Lärchengeistern;
(36) Wächter (gespaltene Pfosten) über der Spur des fremden Dämons;
(37) Felle von Opfertieren;
(38) Rentierfell als Opfer an die Götter.

(Zeichnung nach A. F. Anisimov)

»Wenn man schamanisiert, findet man seinen Weg allein!« meinte ein sibirischer Schamane. Ein Eskimo wollte Schamane werden; er besuchte einen großen Zauberer und sagte: »Ich komme, um sehen zu lernen.« Der Zauberer zeigte auf die endlose Schneelandschaft: »Dort ... findest du deinen Weg.« Dem Mysterium muß man sich allein nähern, nur in der Einsamkeit erscheinen die Geister der Initiation. Die Beziehung zwischen Geburt, Tod und Sexualität ist durch den riesigen Penis der Figur *oben* angedeutet. Die Figur *unten* hält einen Gegenstand, vielleicht eine Ähre, über eine Art Korb. Vogelfüße und gehörntes Haupt dieser Figur sind im Schamanismus vieler Völker zu findende Motive. Der linke Arm läuft in eine Spirale aus. Spiralen und Labyrinthe mit einem bewachten Heiligtum oder Mysterienschrein in der Mitte sind ebenfalls häufig verwendete Symbole für den Weg ins Jenseits. (Zeichnungen nach Wellmann, 1979, von Felsbildern bei Inkom, Idaho, (oben) und Arizona)

Unten links:
Diese Zeichnung eines Barasana aus den kolumbianischen Vaupés zeigt den Weg ins Jenseits, den man im Drogenrausch findet. Wer von der Droge nimmt, dem »öffnet sich der Horizont wie eine Tür«, und er betritt die Welt der Geister. (Zeichnung nach Reichel-Dolmatoff, *The Shaman and the Jaguar*)

Unten rechts:
Nach W. Bogoras glauben die Tschuktschen, daß die Unterwelt, wohin die Toten reisen, von wilden Hunden bewacht wird, die denjenigen angreifen, der im Leben grausam zu Hunden war. Neuankömmlinge werden von den Seelen ihrer Angehörigen geleitet. Ein Tschuktsche, der in tiefer Bewußtlosigkeit die Wege ins Jenseits gesehen hatte, zeichnete danach diesen Plan. Es gibt Eingangslöcher verschiedener Größen; die kleinsten sind für die Seelen Erdrosselter. Wie die Toten, reisen auch Schamanen in die Unterwelt. (Aus Bogoras, *The Chukchee*)

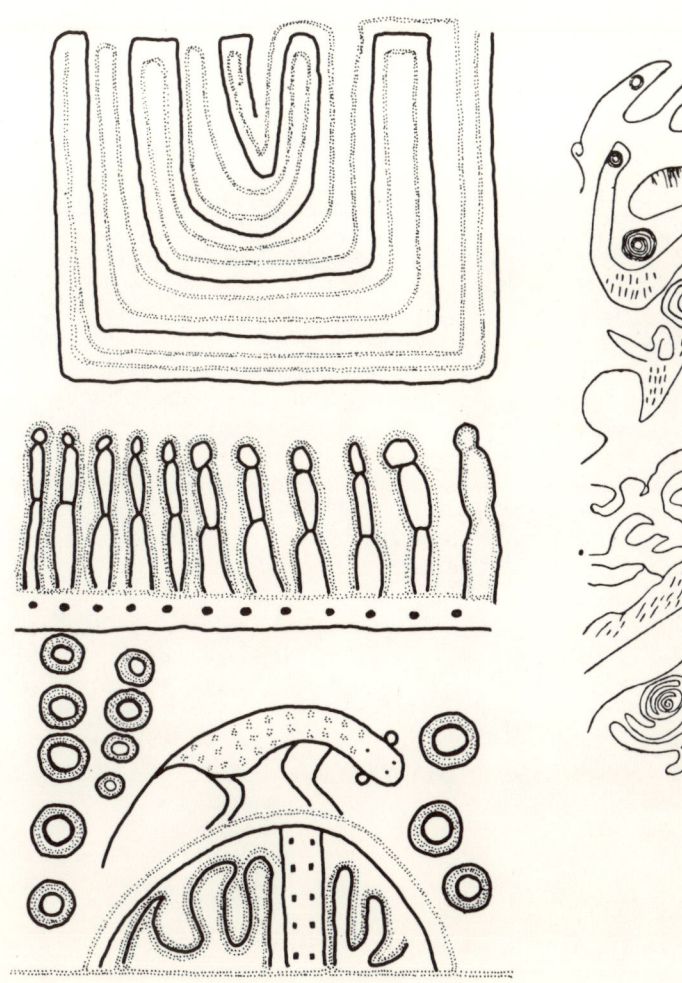

SCHWELLE ZUM JENSEITS

Ein sibirischer Schamane erzählt: »Ich bemerkte ein Loch im Boden ... es wurde immer größer. Wir (Schamane und Hilfsgeist) stiegen hinab und kamen an einen Fluß mit zwei entgegengesetzt fließenden Strömungen.« (Popov, S. 138) Im kosmischen Mittelpunkt liegt das zeitliche und überzeitliche Ziel der Reise. Die »Öffnung« zwischen den Welten wird oft als Loch dargestellt und mit der Geburtspforte zwischen Mutterschoß und Bewußtsein verglichen. Die Huichol nennen diesen Torweg *Nieríka* (siehe unten). Die altchinesische Jadeplatte mit dem Loch in der Mitte *(Pi)* steht im Zusammenhang mit Himmelsvorstellungen. Die Initiation der Pomo in Nordkalifornien drückt den Gedanken rituell aus: Der Novize wird mit einer Bärentatze geschlagen; das symbolische Loch in seinem Rücken soll seinen Tod und seine Wiedergeburt andeuten. Auch die Körperöffnungen – Fontanelle, Nabel, Vagina und After – gelten als Tore der Wiedergeburt. Am häufigsten werden Kreise und Spiralen zur Darstellung dieses allgegenwärtigen Motivs verwendet.

Solche Medizinhäute oder Gebetskarten der Apachen wurden für besonders wirksam gehalten. Die drei großen Götterfiguren sind der Sonnenknabe (links), der Spender des Morgenlichts und der Heilung; der Schöpfer aller Dinge (Mitte); und die Höchste Göttin. Links über dem Schöpfer steht der Kern des Universums mit dem Nachtmädchen, das am Anfang der Zeit ein Punkt war, aus welchem der Schöpfer hervorging. Die viergeteilten Scheiben sind mythologische Personen: Links die Traumgeber, rechts Himmels- und Erdboten. Der Schöpfer hat einen Glorienschein und sendet Blitze aus. Rechts und links von ihm stehen Sonne und Mond. In den Ecken befinden sich vier Götter. Die runden Formen erinnern an das *Nikería* der Huichol. (Bemaltes Leder, Foto von E. S. Curtis; aus *The North American Indian,* Bd. 1)

Auf dem australischen Erdbild ist der Geburtsort des Ahnen Karora umgeben von Spuren des mystischen Emu. Von hier ging alles Leben und die Sonne selbst aus, und Karora kehrt im Tode hierher zurück. Der Schamane tritt bei seiner Initiation hier ein. (Foto aus der ethnologischen Sammlung Mountford Sheard, Südaustralische Staatsbibliothek)

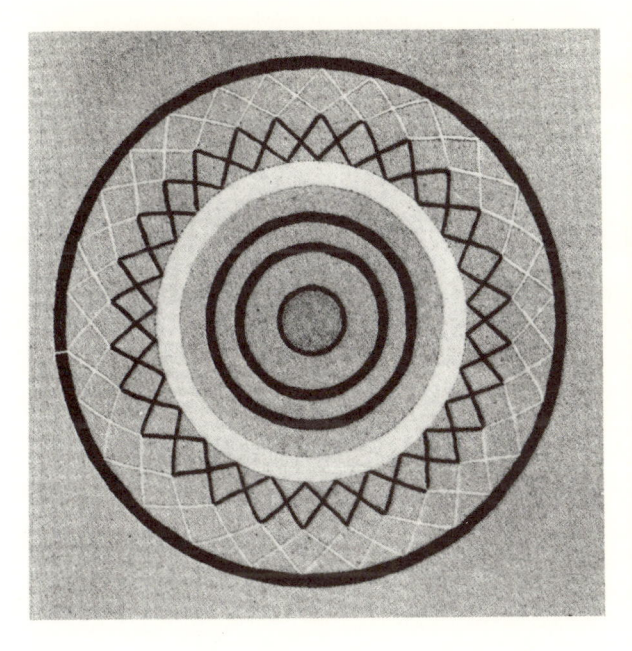

Das Sandbild der südkalifornischen Luiseño stellt den »Erscheinungsort« der Ahnen, den »Nabel der Welt« dar und symbolisiert die Beziehung zwischen Mutter Erde und ihrem Volk. Das schlichte abstrakte Bild wird bei Bestattungszeremonien ausgelegt. Man verwendet dazu weiße Asche und Kohlenstaub, beides Symbole für erloschenes Leben. (Zeichnung und Interpretation von David Villaseñor, 1963)

Das *Nieríka* oder Gebetsopfer der Huichol ist sakrale Kunst. Das Wort bedeutet auch »Antlitz« der Gottheit; Spiegel; Schwelle zum Jenseits. In einem Feld aus reinigendem Feuer sind hier die vier heiligen Kardinalpunkte und der unendliche Mittelpunkt als die fünf heiligen Richtungen dargestellt. Das Zentrum ist der Torweg zur Welt der Götter. (Fadenapplikation, Huichol, Mexiko; Sammlung der Autorin)

Auf dem Höhepunkt einer Peyotezeremonie verläßt ein Teilnehmer das Ritual und gibt sich seinen Visionen hin. Er tanzt allein unter dem gestirnten Nachthimmel. Auch ein Mädchen hat den Kreis der Sänger verlassen. Die beiden begegnen einander auf einer Wiese, und das Mädchen fühlt sich auf die Schultern des Jünglings gehoben. Während sie tanzen, verwandelt sich das Mädchen in ein erlegtes Reh. Im Augenblick ihres symbolischen Todes erscheint ein großes *Nieríka*. Die Seelen der beiden werden eins, und gemeinsam betreten sie das Tor der Visionen. (Malerei des Rehtänzers Michael Brown (Aufsteigender Adler), USA, 20. Jh.; Sammlung der Autorin)

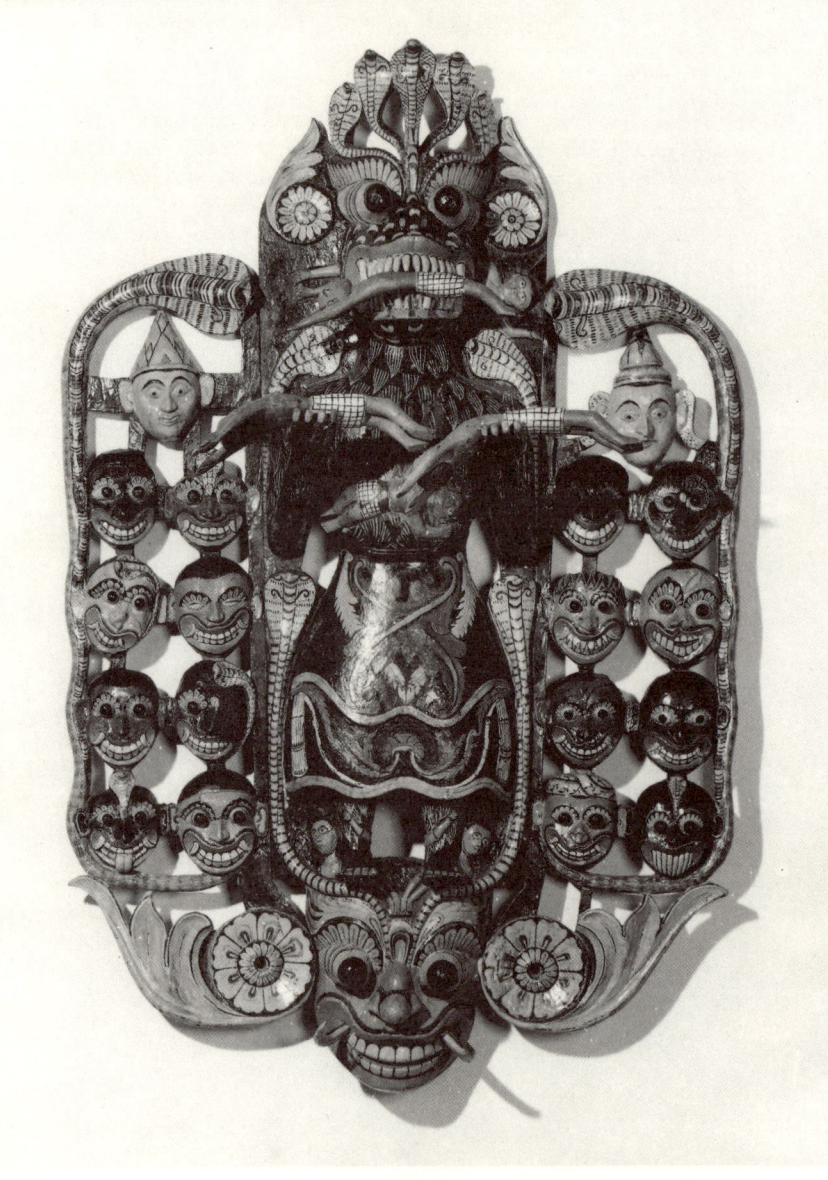

AUFBRUCH UND INKUBATION

Der Aufbruch aus der lichten Welt des wachen Bewußtseins in die inneren Bereiche der Psyche wird mit Qual und Tod in Verbindung gebracht. Für den Schamanennovizen gibt es viele Wege in diesen Bereich, der gewöhnlichen Menschen kaum zugänglich ist: Spontane Ekstase, Träume und Visionen, Entführung durch Dämonen und Unterirdische, die ihn fressen, Krankheit, Wahnsinn und auferlegte Prüfungen oder Folterungen. Um die Jahrhundertwende fragte Knud Rasmussen einen Eskimo, ob er Schamane sei. Der Mann verneinte mit der Begründung, er sei nie krank gewesen und habe keine Träume. Sinnreiche religiöse Praktiken nehmen dem Schamanen die Furcht und bereiten ihn auf seine Berufung vor.

Die Tschuktschen unterteilen ihre *kelet* oder Geister in drei Gruppen: (1) Dämonen, die Krankheit und Tod bringen; (2) blutrünstige Menschenfresser; (3) Hilfsgeister des Schamanen. Die hier abgebildeten *kelet* sind Menschenfresser, die einem Vater die Seele seines Kindes raubten und sich anschicken, diese zu verschlingen. (Aus Bogoras, *The Chukchee*)

Diese Holzmaske aus Sri Lanka zeigt Maha-kola-sanni-yaksaya, den Dämon tödlicher Krankheiten, mit seinen 18 Hilfsdämonen oder *yakku*. Jeder *yakku* wartet an seinem Ort auf Opfer und kann selbst über weite Entfernungen Krankheit senden. Solche Dämonenkrankheit heißt *tanikama,* was soviel bedeutet wie »Einsamkeit« oder »Abgeschiedenheit«. Während der Heilung spricht der Schamane alle 18 *yakku* an und trägt für jeden eine eigene Maske. Zuletzt wird der Kranke an eine einsame Stelle gebracht und wie ein Toter hingelegt. Damit will man die Geister täuschen. (Bemalte Holzschnitzerei, Staatliches Museum für Völkerkunde, München)

Der japanische *yamabushi* oder buddhistische Schamane nimmt teil an einer als *nyūbu* oder *mineiri* bekannten Zeremonie, einem Initiationsritual, welches Fasten, Besteigen eines Berges, Reinigung und Wiedergeburt einschließt. Der Vorgang selbst wird *tainishugyō* genannt, das heißt »Übung im Mutterleib«. Alle Teilnehmer an dieser Zeremonie werden von einer Klippe auf dem Berg Omine herabgehängt. Die Stelle heißt Nishino-nozoki. In dieser Haltung, mit über dem Kopf gefalteten Händen, muß der *yamabushi* beichten und symbolisch Buße tun. (Foto von Inoue Hiromichi)

Der Geist eines Eskimo-Schamanen, dessen Knochen und Organe sichtbar sind, scheint mit dem Opfermesser seine Beute anzupirschen. Die Hirschmaske hat religiöse Bedeutung. (Steindruck von William Noah, Barnabas Oosuaq und Martha Noah, Baker Lake, Eskimo, 1970; Leihgabe der Sanavik-Genossenschaft, Baker Lake, an die Kunstgalerie Winnipeg)

Viele Kulturen kennen das Thema der Einverleibung durch Unterwasser-Dämonen. Hier wird ein Schamanennovize von einem Hai verschlungen. (Skulptur aus Colima, Mexiko, ca. 100 n. Chr., Privatsammlung)

GEISTER DER UNTERWELT

Die Beziehung des Schamanen zur Geisterwelt ist mannigfaltig. Wie gesagt, werden in manchen Kulturen die Geister in böse oder hilfreiche eingeteilt, während in anderen Kulturen die Geister, die den Schamanen zunächst zerstückeln, schließlich seine Gefährten werden. Manche Geister belehren, andere versperren den Weg. Die Gemeinschaft mit den Geistern ist fast immer Voraussetzung für eine wirksame Ausübung der Schamanenkunst. So hat jede Kultur, ja jeder einzelne Schamane eine ganz bestimmte Beziehung zu dieser Welt des Übernatürlichen. Die hier abgebildeten Geister haben alle die Aufgabe, den Schamanennovizen zu erschrecken oder symbolisch zu vernichten.

Oben links:
Der Hilfsgeist Issitoq, genannt Großauge, hilft Tabubrecher dingfest zu machen. Der Eskimo Arnaqaoq hat in dieser Zeichnung sein melancholisches Wesen eingefangen. Kurz nachdem Arnaqaoq seine Eltern verloren hatte, erschien ihm Issitoq und sagte: »Du brauchst mich nicht zu fürchen; ich plage mich auch mit traurigen Gedanken, darum will ich dir folgen und dein Hilfsgeist sein.« (Aus Rasmussen, *Rasmussens Thulefahrt*)

Verschiedene schreckliche Geister europäischen und arktischen Ursprungs. (Zeichnung eines Dämons aus El Ratón de Hoz de Guadiana; »Der große Lemming«, Steindruck von Pudlo, Kap Dorset, Eskimo, 1961; Schnitzerei eines *tupilak* (Geistes), Eskimo, gesammelt 1931/32 in Angmagssalik, Ost-Grönland, Dänisches Nationalmuseum, ethnographische Abteilung)

Im Traum erscheint dieser riesige, unheilvolle Geistervogel und warnt den Träumer vor einem nahenden Schneesturm. Der Künstler Tudlik fühlt sich wie viele Eskimo der magischen Welt der Vergangenheit eng verbunden. (Steindruck von Tudlik, Kap Dorset, Eskimo, 20. Jh., Dorset Fine Arts, Ontario)

TOD UND KNOCHENMANN

Der Schamane als Skelett verkörpert den Tod. Doch wie aus den Samen einer verfaulten Frucht kann auch aus seinen Knochen neues Leben wachsen. Der Novize muß als Toter das Wesen der Unsterblichkeit erfahren und durch seine magische Zerstückelung das Reich des Chaos kennenlernen. Aus seiner »Knochenwurzel« wird er zu einer höheren Seinsebene wiedergeboren.

Ein buriätischer Schamane trägt das mit Rippen und Brustbein bestickte Gewand. Wie viele sibirische Schamanen trägt er die Zeichen seiner Initiation. (Amerikanisches Naturhistorisches Museum, New York)

Von den steinzeitlichen Höhlenzeichnungen Frankreichs bis zu den zeitgenössischen Stoffbildern der Huichol finden wir schamanistische Darstellungen von Skeletten und Figuren, deren innere Organe wie auf einem Röntgenbild sichtbar sind. Die Felszeichnung aus Oregon ist eins der vielen Beispiele aus dem amerikanischen Nordwesten, wo heute noch Schamanismus betrieben wird. Die Figur trägt eine Strahlenkrone; die Kreise stellen möglicherweise das Tor zum Jenseits dar. (Zeichnung nach Wellmann, 1979, von einem Felsbild im Long Narrows-Stil, heute im Winquatt-Museum, The Dalles, Oregon)

Der Religionswissenschaftler Juan Negrín meint, bei diesem Bild der Huichol handele es sich um »die körperliche Auflösung und materielle Verwandlung des Watakame (des ersten Menschen) während der Apotheose seiner Seele, welche zu einer bleibenden Kraftquelle für den Mais- und Getreideanbau wird«. Mit Hilfe Unserer Urgroßmutter Wachstum überlebte Watakame die große Flut und gründete menschliches Leben auf Erden. Nach seinem Tod wurden seine Körperteile zerstreut und verwandelten sich in neues pflanzliches Leben. (Fadenapplikation von José Benítez Sánchez, Mexiko, ca. 1972-80; Sammlung und Foto von Juan Negrín)

Gegenüber, oben links:
Schamanischer Bogenschütze als Skelett. (Zeichnung von William Noah (geb. 1943), Baker Lake, Eskimo, 1970; Leihgabe an die Kunstgalerie Winnipeg von Herrn und Frau K. J. Butler, Winnipeg)

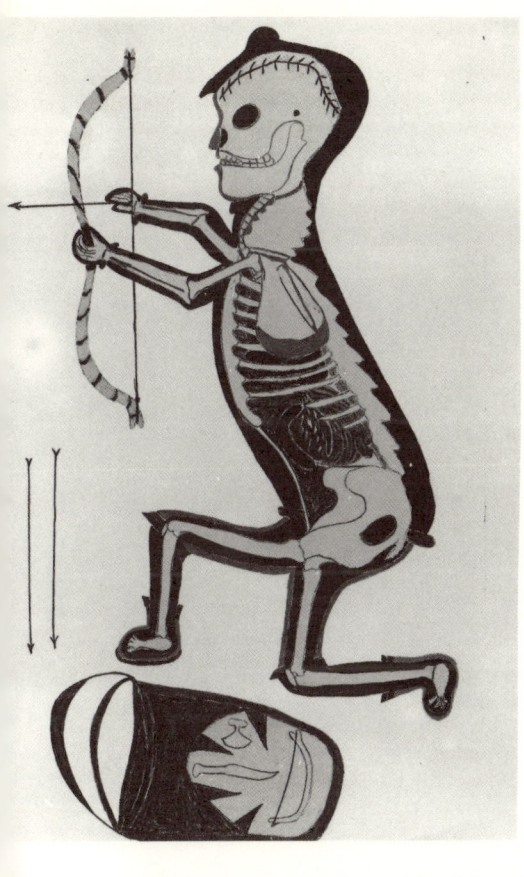

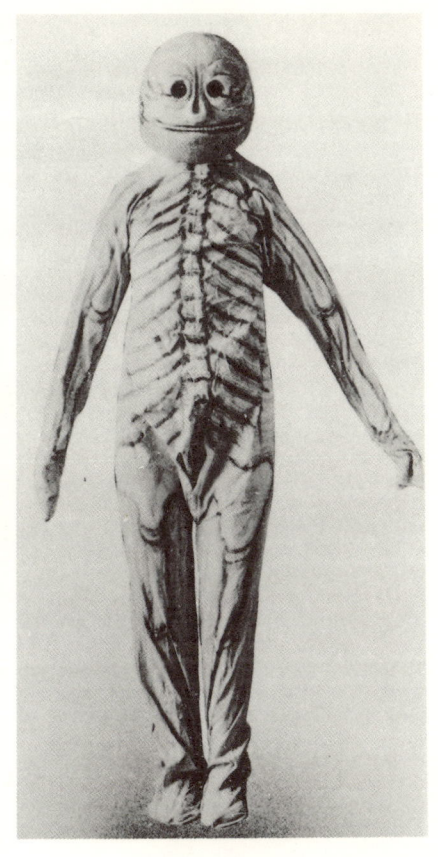

Um 630 n. Chr. kam der Buddhismus nach Tibet und verschmolz mit der alten schamanistischen Bon-po-Religion. Auf dem Theater haben sich manche schamanistischen Elemente mit buddhistischen Praktiken vermischt. Diese *Atsara* oder Totenfigur tritt in vielen Stücken auf und wird wie folgt beschrieben: »Meist kommen drei oder vier *Atsara* in ihren einteiligen, mit Skeletten bemalten Anzügen als erste auf die Bühne gerannt und führen tänzerische Extravaganzen auf ... hüpfen, springen, biegen sich hin und her, winken mit den Armen, schlagen Purzelbäume oder fallen mit gravitätischen Bewegungen in eine Art langsamen Ballettschritt ...« An anderer Stelle werden sie als Leichenfresser beschrieben, die den diebischen Raben mit Stöcken jagen. (Aus Laufer, *Oriental Theatricals*)

Wie der Schamane, der auf der Schwelle zur Einheit der Gegensätze tanzt, verbildlicht auch die Figur *rechts* die Vereinigung der Gegensätze. (Keramikfigur, Tlatilco, Mexiko, 1700–1300 v. Chr. Anthropologisches und historisches Regionalmuseum, Villahermosa, Tabasco, Mexiko)

Die Innenseite dieser chinesischen Schale ist mit einem Skelett bemalt. Das T-förmige Muster, vielleicht Vorläufer eines Schriftzeichens, könnte auf übernatürliche Mächte hinweisen. (Steingutschale, Yang-shao-Kultur, China, ca. 2200–1700 v. Chr., Museum für fernöstliche Altertümer, Stockholm)

BÜNDNISSE UND METAMORPHOSEN

Die Verbindung von Kultur und Natur ereignet sich zuerst im Geisterreich. Der Schamane ist für die Alltagswelt gestorben. Gefräßige Unterirdische haben den Novizen zerstückelt und verschlungen und so in eine höhere Ordnung der Wirklichkeit entlassen, in der das Rohe und das Gekochte eins werden. Der Initiierte ergibt sich und öffnet sich damit der Unterweisung durch die Geister. Bär, Frosch, Rabe, Antilope, Seehund, Wolf und Mücke – sie alle unterrichten ihn, während sie ihn zerstören. Zwischen dem, der verschlungen wird, und dem, der verschlingt, wird ein Bündnis geschlossen.

Ein aus Seehundzahn geschnitzter Eskimo-Schamane sitzt in Trance und geht in seine Tiernatur über. Er scheint dabei das Lied der Seehunde zu pfeifen. Der Künstler, der diese mit Silber kombinierte Schnitzarbeit schuf, erläutert: »Viele Leute haben ein anderes Ich, nämlich ein Tier. Ich habe auch eins, ich glaube, einen Seehund oder eine Eule. Ich verwende sie oft für meine Arbeit und versuche, sie realistisch darzustellen. Das ist kein Märchen. Es ist wirklich, denn ich hab's oft gefühlt und merke es, wenn ich jage. Ich versuche also bloß, mich selbst und die Einflüsse aus meiner Umgebung besser zu verstehen, wenn ich arbeite.« (Skulptur von Lawrence Ahvakana (geb. 1946), Eskimo, 1975. Visual Arts Center of Alaska, Anchorage)

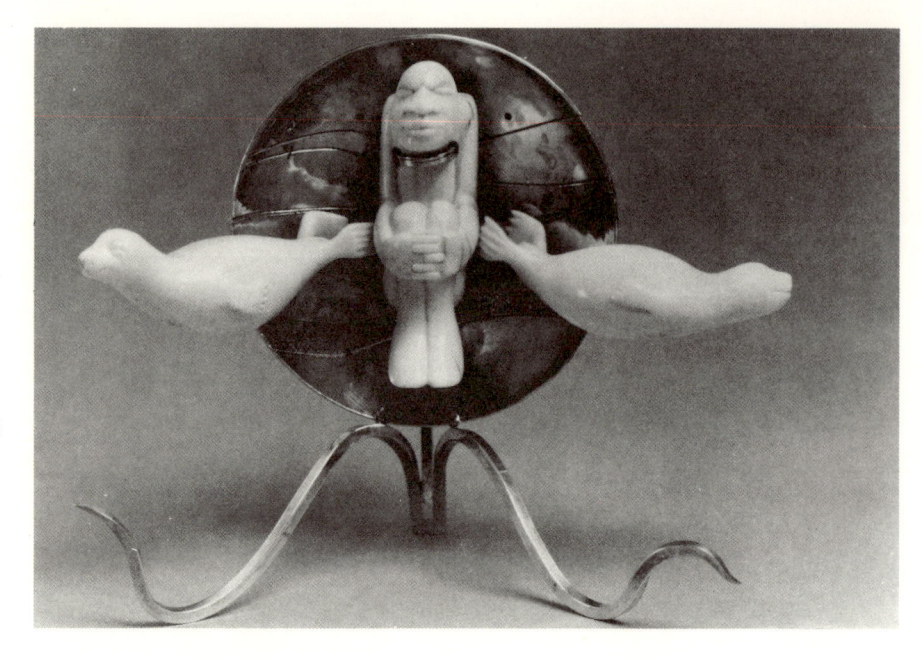

Ein Eskimo umgeben von fünf Mücken. Sie stechen ihn an besonders empfindlichen Stellen: am Hals, am Rücken und in der Kniekehle. Die übertriebene Größe der Insekten zeigt: Es ist ein Traum. Die »kleine« Mücke ist stärker als der Mensch. Er hält einen nicht näher bezeichneten Gegenstand, mit dem er vielleicht den Juckreiz bannt. Auch hier wird Wissen zwischen Tier- und Menschenwelt ausgetauscht. (»Mückentraum«, Steindruck von Kalvak, Eskimo, 1965; Abdruck mit Erlaubnis der Holman Eskimo-Genossenschaft, Insel Holman, Nordwest-Kanada)

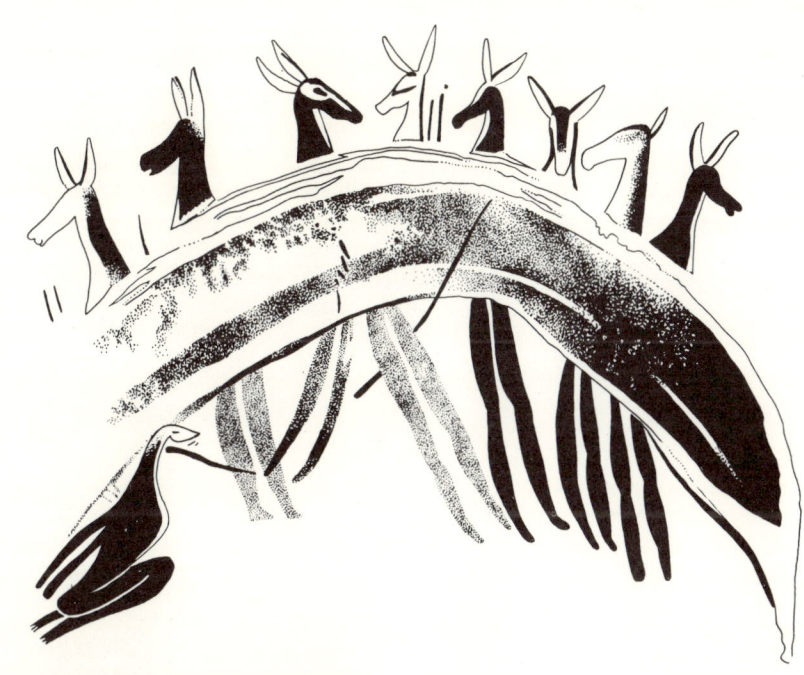

Über die Körper von acht Figuren mit Antilopenköpfen und Menschenbeinen erstreckt sich ein Regenbogen. Vielleicht sind es !Kung-Schamanen, die sich gerade verwandeln. Links sitzt ein *ales,* eine geflügelte Antilope, die in Felsbildern mit Verwandlungsthematik vorkommt. (Zeichnung aus Pager, *Ndedema*)

Der Rabe spielt in der Mythologie der Völker der amerikanischen Nordwestküste die wichtigste Rolle. Er ist Gaukler und Verwandlungskünstler, Kulturheros und *Big Man,* der Weltenschöpfer. Er kann jede beliebige Gestalt annehmen. Er kann ins Himmelreich fliegen, auf den tiefsten Meeresgrund tauchen, ans Ende der Welt reisen. Doch oft wird er auch das Opfer seiner eigenen Tollheiten. Diese Rabenrassel der Tlingit zeigt einen Habicht auf der Brust des Raben (das heißt auf dem Bauch der Rassel). Auch der Habicht ist ein mächtiger Geist und gilt mitunter als der Donnervogel. Der Frosch symbolisiert bei vielen Völkern Auferstehung und Fruchtbarkeit, den Übergang vom Wasser aufs Land und wegen seines jahreszeitlich bedingten Auftauchens und Verschwindens auch den Mondzyklus. Die Fähigkeit zur Wiedergeburt, das Wissen um die Gegensätze also, verbindet den Frosch und den Schamanen. (Rabenrassel, bemaltes Holz, Tlingit, Nordwestküste der USA)

Ein Geisterbär unterweist einen Schamanen. Lehrer in Tierform bereiten den Schamanennovizen auf die Reise in das Reich des Chaos vor, die er um anderer willen antreten muß. Die Indianer rauchten die heilige Pfeife als Gebetsopfer für die Schutzgeister des Universums. (Pfeifenkopf aus Rotstein, Ost-Dakota, Lindenmuseum, Stuttgart)

LEBENSENERGIE UND DER VERBÜNDETE DER KRAFT

Der Schamane auf der Suche nach der »Kraft« sucht den Kontakt mit Tieren, Landschaften und ungewöhnlichen Wetterverhältnissen. In Amerika vor allem gilt die Schlange, die Wächterin der Quellen, als Symbol der Mächte der Natur. Nach Ania Teillard ist sie »ein Tier mit magischen Kräften. Weil sie ihre Haut abstreift, symbolisiert sie die Auferstehung. Wegen ihrer geschmeidigen Bewegung symbolisiert sie Stärke. Wegen ihrer Bosheit steht sie für das Böse in der Natur.« (Cirlot, *Dictionary of Symbols*, S. 274) Sie versinnbildlicht Geburt und Wiedergeburt, Sexualität und Tod. Alle *Mysterien* des Universums wie Sonne, Mond und Wechsel der Jahreszeiten sind Manifestationen der unsichtbaren Mächte. Hinter diesen steht eine noch größere Macht, Sila bei den Eskimo, Wakan bei den Sioux. Wenige Kulturen haben gewagt, diese übergeordnete Macht zu benennen, aber viele haben sie als »Lebensenergie« umschrieben.

Das *N/um* der südafrikanischen !Kung bezeichnet die »übernatürliche Kraft« der Heilung. Der Trancetänzer aktiviert *N/um* aufgrund seines Schamanentums, wozu auch Heilkraft, Hellsehen, Röntgenblick, Prophetie und Seelenreisen zählen. Der Tanz erhitzt das Gewebe, die Hitze verkocht die »Medizin« entlang der Wirbelsäule sowie aus Händen und Kopf. In diesem Zustand verwendet der Heiler das *N/um*, um anderen die Krankheit »auszureißen«. Manche !Kung nennen das *N/um* wegen seiner enorm starken Wirkung ein »Todesmittel«. Jüngere Trancetänzer verlieren oft die Kontrolle darüber und geraten in Panik. Erfahrenere Heiler müssen ihnen dann die Raserei »ausreißen«. Die Figur *oben* von einem Felsbild aus Ndedema in Südafrika ist eine frisch erlegte Antilope, aus deren Bauch und Herz Kraftlinien strahlen. Die Antilope war den !Kung wichtig, denn sie nährte Körper und Geist. *Links* das stark beschädigte Fragment eines Felsbildes aus demselben Gebiet: Zwei Antilopenschamanen, aus deren Köpfen *N/um* zu strömen scheint. (Aus Pager, *Ndedema*)

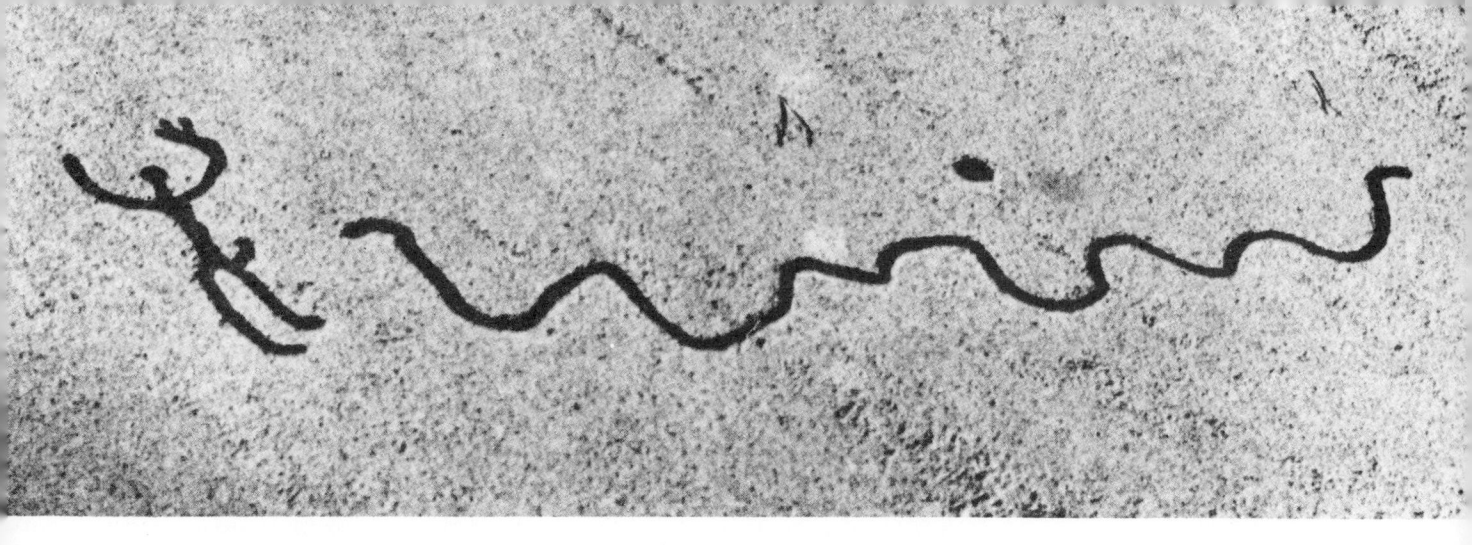

Der skandinavische Gott Thor, der »Verteidiger der Welt«, wurzelt in der paläolithischen Welt der Jagd. Diese ithyphallische Figur eines Schamanenheroen mit Zügen des Gauklers erhebt den Hammer gegen eine siebenfach geringelte Schlange. Es könnte sich durchaus um Thor im Kampf gegen die Midgard-Schlange handeln. (Felsbild, Bohuslan, Schweden)

Kalifornische Schamanen träumen mitunter von Klapperschlangen. Im Frühling locken sie die giftigen Tiere aus ihrem Bau und »aktivieren« sie für Heilungsrituale. Die Hopi halten ihren Himmelsgott für eine gehörnte, gefiederte Schlange. Die spiralförmige Schlange steht mit Mond und Wasser in Verbindung und symbolisiert Weisheit, Kraft und kosmische Urgewalten im ewig sich entfaltenden Kosmos. (Felsbild einer Schlange mit Spiralhörnern im Fremont-Stil, Nine Mile Canyon, Utah)

Die Huichol glauben, daß alle Dinge mehr oder minder mit der Lebensenergie *kupuri* erfüllt sind. Schamanen haben sehr viel, ebenso ihr Sakrament, der Peyotekaktus, aus dessen Pflanze blütenartig *kupuri* ausströmt. Er wird von einem Kraftfeld umstrahlt. Wer von ihm ißt, erlebt dieses Leuchten und diese Vitalität. (Fadenapplikation von Prem Das, Huichol, Mexiko; Sammlung der Autorin)

GLEICHMASS UND MITGEFÜHL

Der Hirsch und das Rentier sind magische Reittiere des Schamanen und gelten als Mittler zwischen Himmel und Erde, als Götterboten. Das Geweih, das sich erneuert, steht für Wiedergeburt und Wachstum und wird oft mit dem heiligen Baum und den Mysterien von Tod und Wiedergeburt identifiziert. Geweih-Symbolismus gibt es in Frankreich seit dem Paläolithikum, im übrigen Europa und in Asien seit dem Meso- und Neolithikum. In England, Frankreich, Persien, Kleinasien und China wurden Hirschdarstellungen und menschliche Skelette mit Geweihkronen gefunden. In der Mythologie Asiens hängt der Hirsch mit der Sonne und dem Morgenlicht zusammen. Die Skythen beispielsweise verehrten ihn als das »goldene Tier, welches Licht verbreitet«. Viele schamanische Völker sprechen ihm Eigenschaften zu wie mystische Kräfte, Anmut, Feingefühl, Barmherzigkeit und Mitleid. Der Hirsch als Quelle körperlichen und geistigen Lebens wird von den Huichol und Hopi mit Regen und Überfluß identifiziert. Auch bringen die Huichol ihn mit dem heiligen Peyote, dem Mut- und Visionengeber, in Verbindung. Schließlich gilt der Hirsch als Heiler und Schamane, der magische Pflanzen findet und die Lieder der Götter singt. In ihm ist die Spannung zwischen den Gegensätzen aufgelöst.

Der »Tanzende Zauberer« der Magdalénien-Kultur wurde aus verschiedenen Tieren zusammengefügt: Er hat ein Rentiergeweih, Wolfsohren, einen Löwenbart, Pferdeschweif und Bärentatzen. Sein stechender Blick starrt über die Jahrtausende zu uns herüber. (Zeichnung nach Breuil von einem Höhlenbild, Les Trois Frères, Ariège, Frankreich, Paläolithikum)

Ein tungutischer Schamane mit Geweihkopfputz singt, tanzt und trommelt in seinem sibirischen Dorf. Er wurde von Nicolas Witsen, einem holländischen Diplomaten am Zarenhof, gezeichnet. (Stich aus *Noord en Oost Tartarye,* Holland 1705)

Diese anthropomorphe Figur wurde in den Gräbern von Changsha, Provinz Hunan, gefunden. Es handelt sich vermutlich um die Darstellung eines Schamanen; die lange Zunge wurde mit Gebeten um Regen, mit Weisheitslehre und Kommunikation mit den übernatürlichen Gefilden in Verbindung gebracht. (Holzskulptur mit Geweih, China, 4. Jh. v. Chr., Britisches Museum, London)

Hirschmaske des Südlichen Kults, Mississippi-Gebiet, Spiro Mound. (Zedernholz-Schnitzerei mit Muschelintarsien, Oklahoma, ca. 1200 n. Chr., Museum der amerikanischen Indianer, Heye Foundation, New York)

Hier ist Tatewari, Unser Großvater Feuer, der erste Schamane der Huichol dargestellt. Er sitzt in der Mitte. Aus seinem gehörnten Haupt strömt *kupuri* (Lebensenergie), ebenso aus seiner Fontanelle zwischen dem Gegensatzpaar des Geweihs. Zu seiner Rechten steht der lebenspendende, weibliche Mais in einem roten, männlichen Feuerfeld. Zu seiner Linken sitzt ein giftiger, männlicher Skorpion in einem blauen Feld weiblichen Lebenswassers. Zwischen den beiden Opferschalen oben strömen Kraftlinien. Unten steht ein in Klapperschlangenmuster geflochtener *takwatsi* (Medizinkorb), über dem das Geweihmotiv sich wiederholt. (Fadenapplikation, Huichol, Mexiko; Sammlung der Autorin)

Maskierter Heiliger Mann der Mongolen, wie ihn Zar Nikolaus II. (1868–1918) auf einer Staatsreise durch Zentralasien sah.

WELTENBAUM UND *AXIS MUNDI*

Die Mitte der Welt, *Axis Mundi,* die Weltenachse, der »unbewegte Beweger« des Aristoteles, ist die Schwelle zwischen Raum und Raumlosigkeit, zwischen Vielfalt und Einheit, zwischen Vergänglichkeit und Unsterblichkeit. Es heißt, daß diese Mitte überall sei. Dennoch haben die Völker aller Zeiten sie zu lokalisieren versucht. Auch der »mit der Sonne eins gewordene« Schamane mit seinem Glorienschein spiegelt diesen Versuch. Nach Eliade ist der Gipfel des »Kosmischen Berges« nicht nur der höchste Punkt der Erde, sondern auch ihr Nabel, der Ursprung der Schöpfung. Vom Kosmischen Berg aus kann man alles sehen; der Aufstieg zu ihm symbolisiert den Höhenflug der Seele. Wie der Kosmische Berg, verbindet auch der Weltenbaum Himmel und Erde. Beide durchdringen die drei Seinsebenen: Die Wurzel des Baums und der Fuß des Berges ragen in die Unterwelt; Berg und Baum erheben sich quer durch die Mittlere Welt; Krone und Gipfel strecken sich in den Himmel.

In Korea sind die meisten und mächtigsten Schamanen die *mudang,* weibliche Besessene. In ihren Ritualen wollen sie Menschen und unheilbringende Geister versöhnen. Schutzgeister geben ihnen die Macht, persönliche, gesellschaftliche und kosmische Kräfte für den Heilungsprozeß zu aktivieren. Die *mudang* ist Mittlerin zwischen den Menschen, der Natur und den Geistern, die die drei Welten beleben. Vor allem mit den Berggeistern steht sie in enger Verbindung; Berge gelten als heilige Mittelpunkte und kosmische Tore. Für ihr Ritual errichtet sie wohl auch eine symbolische Weltenachse. Die 68jährige *mudang* auf unserem Foto tanzt über eine Stunde lang auf parallel angebrachten Messerklingen. Man hat dazu eine Plattform in der Mitte ihres Hofes errichtet. Sie symbolisiert den Kosmos und gilt als Wohnung ihres Schutzgeistes Taegam. Dieses Ritual *(kut)* ehrt Taegam, die segensreiche Gottheit des Heims, der Erde und des Wohlstands. Die *mudang* steigt zum Himmel auf, wird durch ihre Kraft und ihr heiliges Gleichgewicht unverletzbar und kehrt mit den Botschaften der Geister zur Mittleren Welt zurück. (Foto aus Seoul, Republik Korea, von Edward R. Canda, 1977)

Die sibirischen Evenken errichten inmitten des Schamanenzelts eine Birke, über die der Schamane in die Unterwelt absteigen oder zum Himmel aufsteigen kann. Tiergefährten und Hilfsgeister nehmen an der Zeremonie teil. (Aus A. F. Anisimov, *Sbornik museja antropologii i etnografii,* XII, 1949)

Vor langer Zeit brachten sibirische Völker den Gebrauch des heiligen Fliegenpilzes nach Amerika, doch ist zweifelhaft, ob er auch heute noch bei den mittelamerikanischen Indianern verwendet wird. Dieses Figürchen zeigt einen Schamanen und vermutlich einen Fliegenblätterpilz. Es könnte sich um eine Heilung handeln. Vor dem Schamanen mag sich eine weitere Figur befunden haben. Der Pilz erinnert an den Weltenbaum, die *Axis Mundi.* (Tonfigur, Nayariten, Mexiko, ca. 100 n. Chr.)

Eine *machi* (Schamanin) auf dem gekerbten Pfahl, dem *rewe*. Die *machi* erklimmt die sieben Stufen des *rewe* und vollzieht ihre Himmelsreise. Sie spielt auf einer gerahmten Trommel, die ihr beim Aufstieg über den Weltenbaum hilft. Im chilenischen Mapuche-Gebiet wurden während der schamanischen Séancen halluzinogene Drogen wie *Anadenathera, Brugmancia* und Stechapfel verwendet. (Foto von Louis C. Faron)

Am dritten Tag des Sonnentanzes der Lakota wird der Sonnenpfahl aufgestellt, an dem ein Büschel Sweetgrass, Salbei und Büffelhaar befestigt wurden. Man sang dazu:
    Am Mittelpunkt der Erde
    Steht und schaut euch um.
    Erkennt den Stamm
    Steht und schaut euch um.

(Foto von Eugene Beuchel, Rosebud, 1928.)

Eine Feuerzeremonie der australischen Eingeborenen. (Aus Spencer und Gillen, *The Arunta*)

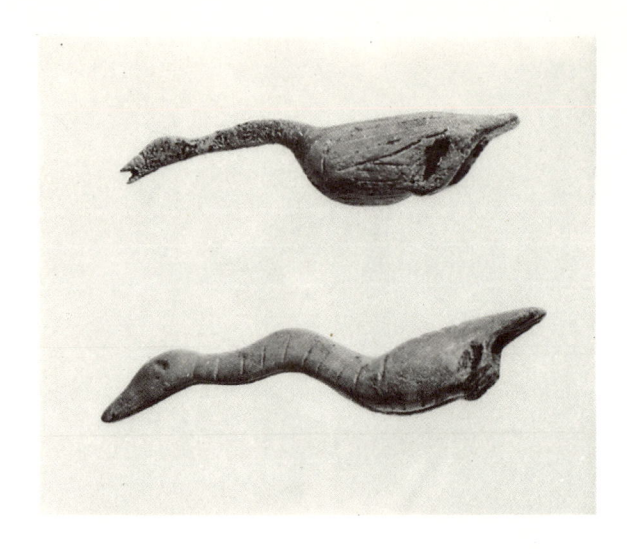

DER FLUG

Überall auf der Erde werden Schamanen mit Vögeln identifiziert. Vögel bedeuten Aufstieg, Anregung, Wandel und Vitalität. In manchen Überlieferungen symbolisieren sie die Seele; in anderen gelten sie als kluge Gefährten des Menschen und Überbringer himmlischer Botschaften.

Auf diesem Fresko der !Kung an einer Wand der südafrikanischen Ndedema-Schlucht ist eine Prozession von Schamanen mit Antilopenköpfen und Hufen dargestellt; über ihnen fliegt eine *ales* oder Flugantilope, die mit dem Mysterium der Wandlung zusammenhängt. Fliegende Hirsche erscheinen auch in der Mythologie der sibirischen Samojeden und der mexikanischen Huichol; sie verbildlichen magische Flüge, Verwandlung und Vergeistigung. (Aus Pager, *Ndedema*)

Diese beiden Elfenbeingänse wurden neben anderen Schnitzereien und menschlichen Knochenresten im Grab eines Eskimo-Schamanen gefunden. Sie gehörten zu den medizinischen Gerätschaften des Schamanen. Gänse symbolisieren die mystische Reise ins Jenseits. Wie der Schamane, war die Gans in den drei Welten zu Hause. Als Hilfsgeist geleitete sie den Schamanen auf seiner magischen Reise. (Elfenbeinschnitzerei, Dorset-Kultur, von der Mansel-Insel, Nordwest-Territorien, Kanada, ca. 500 n. Chr., Nationalmuseum der Menschheit, Ottawa; J-10180-22)

In einem mystischen Flugtanz breitet ein Vogelschamane seine Flügel und spreizt seinen Schwanzfächer. Am Kopf trägt er Hörner oder Strahlen als Zeichen großer Macht. Die offene Hand zu seiner Linken bezeichnet seinen inneren Zustand. Die erhobene Hand symbolisiert die singende Stimme, Stärke und Kraft. (Zeichnung von Wellmann, 1979, nach einem Felsbild, Blackbird Hill, Nebraska)

Diese Eskimo-Zeichnung zeigt einen Zauberer auf seinem Flug in Begleitung seiner Tiergefährten oder Hilfsgeister. »Als die Mondrakete zum Mond flog und einige junge Leute den Alten davon erzählen wollten, erlebten sie eine richtige Enttäuschung, denn die Alten sagten: ›Ach was, mein Onkel war schon oft auf dem Mond‹.« (Zeichnung von Jessie Oonark (geb. 1906), Eskimo, 1971. Kunstgalerie Winnipeg; erworben mit Mitteln einer Stiftung der Imperial Oil Ltd.)

Gegenüber, unten rechts:
Die magischen Emufedern dieser australischen Sandalen verwischten die Spur des Zauberers *(kurdaitcha)*. Er trug sie, wenn er ein feindliches Lager verwünschte oder eine Blutrache ausführte. Es heißt, daß der bloße Anblick der Spuren dieser Sandalen einen Feind zu Tode erschrecken konnte. (Federsandalen, West-Australien, gesammelt 1927, Field Museum of Natural History, Chicago)

Rechts:
Ein gefesselter Eskimo-Schamane bereitet sich mit Hilfe seiner Trommel auf einen magischen Flug vor. Meisterschamanen konnten angeblich um die ganze Erde, zum Mond und in den tiefsten Weltenraum fliegen. (Aus Rasmussen, *Eskimo Folk Tales*)

Wendet sich der Schamane vom Alltagsleben ab und nach innen, so öffnet sich ihm die Unendlichkeit. Zunächst gelangt er durch das Tor der Wunden in ein Reich des Schreckens, des Opfers und des Todes. Gibt er sich den ungebändigten Naturgewalten hin, so wird aus Vernichtung Unterweisung. Diese Grabfigur der Haida ist ein Gedenkbild eines toten Schamanen und seiner Seele, die als Kranich ins Jenseits reist. (Holzschnitzerei, Haida, Nordwestküste der USA, Amerikanisches Naturhistorisches Museum, New York)

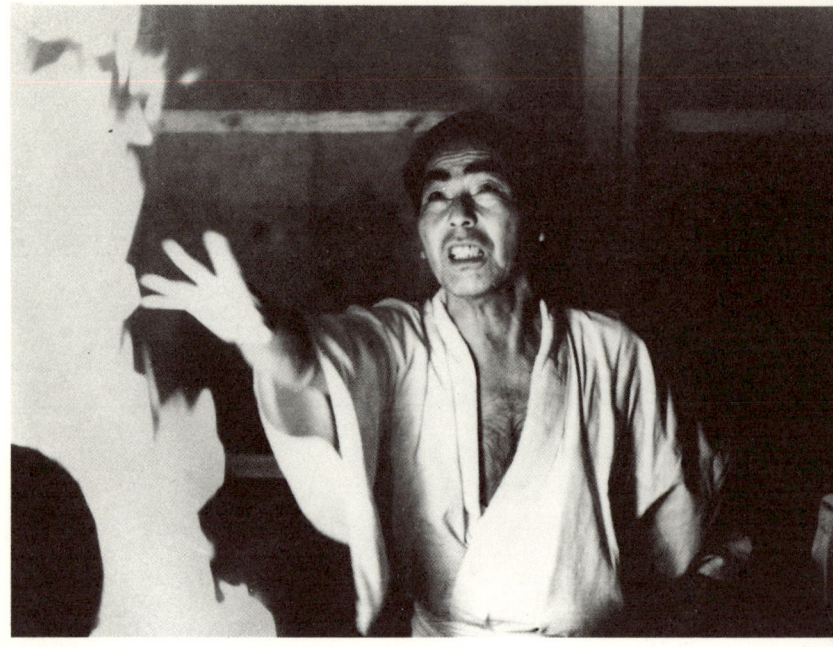

BEHERRSCHUNG DES FEUERS

Die Herrschaft des Schamanen über das Feuer hängt mit seiner Beherrschung der Ekstase zusammen. Sein Kontakt mit extremer Kälte oder Hitze stellt ihn in einen religiösen Bereich außerhalb der normalen menschlichen Verfassung. Überall auf der Erde beschwören Schamanen die mystische Hitze, um so das Feuer zu beherrschen. In ihrer Fähigkeit, die Kälte eines winterlichen Wasserfalls oder die Hitze brennender Scheite zu ertragen, zeigt sich ihre große körperliche und geistige Macht und Reife.

Die *Velada* (Nachtwache) ist eine alte Heilungszeremonie der mexikanischen Mazateken. Der Schamane, der Kranke und alle übrigen Teilnehmer essen dabei halluzinogene Pilze. Auf dem Foto hebt die Schamanin María Sabina beschwörend und betend die Hände und singt:

Ich bin die Frau vom Kreuz des Südens.
Ich bin die Frau des ersten Sterns.
Ich bin die Frau vom Stern Gottes.
Denn ich steige auf in den Himmel.
. . .
Ich bin die Frau, die die Welt anhält.
Ich bin die Frau der Sage, die heilt.

(Wasson, *The Wonderous Mushroom*, S. 17–207)

Die Pilze »sprechen« durch die Schamanin und zeigen den Zustand des Kranken. (Foto von A. B. Richardson)

Ein japanischer *yamabushi* (buddhistischer Schamane) meistert im *saito-goma*-Ritual das Feuer. Dieses alte buddhistische Feuerritual geht auf den vor-buddhistischen Schamanismus zurück. Feuer ist ein Symbol des Lebens. In Verbindung mit dem Gedanken der Kontrolle und Beherrschung wird es zu einem Werkzeug der Wandlung. In ihm lösen Formen sich auf, aus ihm entstehen neue Formen. Es reinigt und zerstört das Böse. (Uji-Tempelritual. Foto von Fosco Maraini)

»Es ist eins, es ist eine Einheit, es sind wir selbst«, sagte Ramón Medina Silva, der Huichol-Schamane, als er den Sinn der Peyotezeremonie erläuterte. Hier ist ein heiliger Kreis von *peyoteros,* Peyote-Essern, dargestellt, die eine ganze Nacht lang »ihr Leben« feiern. Oben sitzt der amtierende Schamane oder *mara'akame* auf seinem *uweni* (Schamanenstuhl). Die Teilnehmer sitzen im einigenden Kreis um ein fünfflammiges Feuer, den alten Schamanengroßvater. In einem Feld reinigenden Feuers vollzieht sich das heilige Geschehen. (Fadenapplikation, Huichol, Mexiko; Sammlung der Autorin)

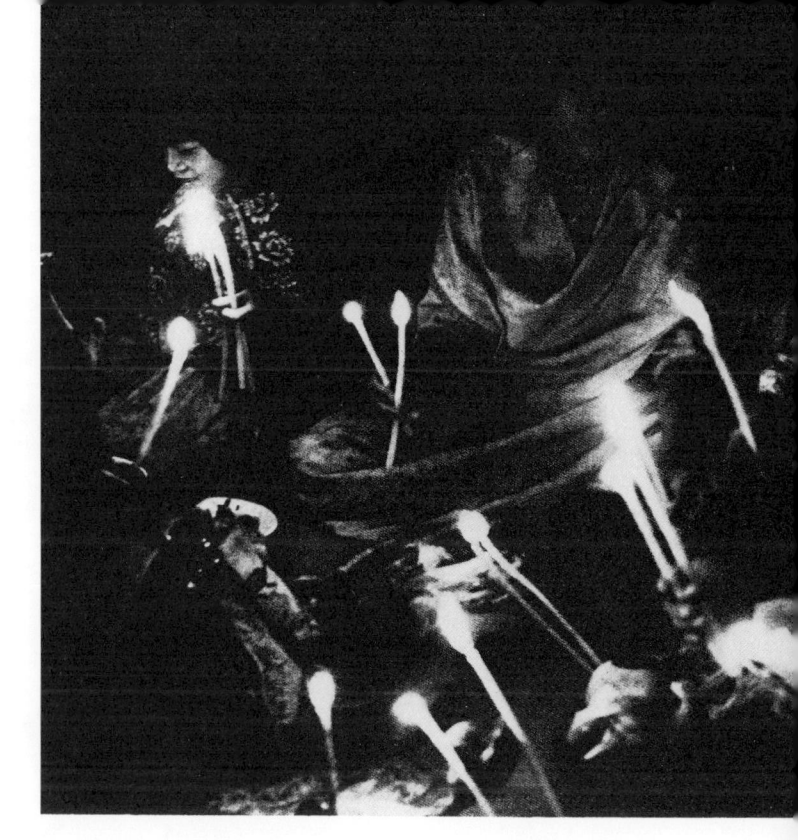

Alljährlich ziehen fromme Huichol zu Fuß oder mit öffentlichen Verkehrsmitteln in ihr Paradies Wirikuta, das heilige Land des Peyote. Zurückgekehrt in ihre Sierra-Dörfer, werden sie von Angehörigen und Freunden festlich begrüßt. Hier halten Frauen und Kinder brennende Kerzen als Dankopfer für die Götter, die die Pilger heil heimgeleitet haben. Das Licht- und Feueropfer der Kerzenflamme ist wie die Lampe ein Symbol für das Lebenslicht des Einzelnen.

Die Pfeife des indianischen Medizinmannes ist sein tragbarer Altar, ein Symbol der Einheit von Natur und Kultur. Hier wird sie der Sonne dargebracht. Der Medizinmann der Lakota, Lahmer Hirsch, sagt: »Für uns Indianer gibt es nur die Pfeife, den Erdboden, auf dem wir sitzen, und den offenen Himmel... Der Rauch aus der Pfeife steigt sogar geradewegs nach oben zur Welt der Geister. Es ist ein Auf und Ab. Kraft fließt durch den Rauch, durch das Pfeifenrohr zu uns herab. Du spürst diese Kraft, wenn du die Pfeife hältst; sie bewegt sich von der Pfeife geradewegs in deinen Körper. Sie läßt deine Haare zu Berge stehen. Diese Pfeife ist kein gewöhnlicher Gegenstand; sie lebt.« (John (Fire) Lame Deer, Richard Erdoes, *Tahca Ushte, Medizinmann der Sioux,* S. 16; Foto von R. Erdoes)

VEREINIGUNG MIT DER SONNE

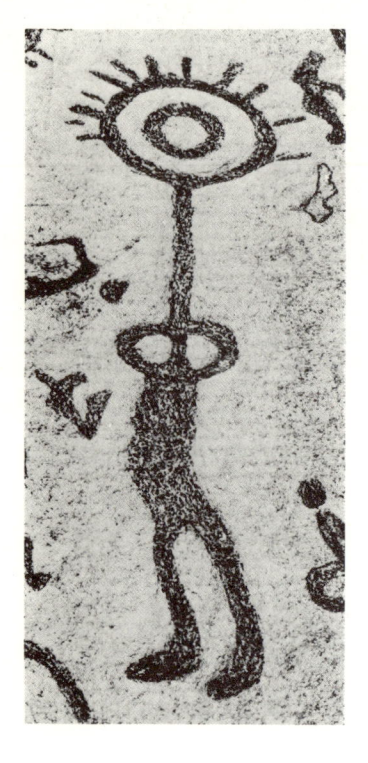

Der Glorienschein, der von den Köpfen dieser Schamanen oder Geister ausstrahlt, ist sichtbarer Ausdruck einer geistigen oder übernatürlichen Kraft. Die Sonne selbst ist ein Symbol der Allsichtigkeit und Allwissenheit sowie des inneren Lebensfeuers. Die Aktivierung dieser »inneren Sonne« haben wir als »eins werden mit der Sonne« bezeichnet. Hier findet die Vorstellung von der Ganzheit ihren höchsten geistigen Ausdruck. Der in den Religionen alter Hochkulturen zu beobachtende Heiligenschein ist ein Relikt älterer Sonnenkulte.

Die Sonnenfigur der Algonkin ist vielleicht ein Geist oder Schamane. Gordon Wasson entdeckte, daß diese Völker den Fliegenpilz zu Sakralhandlungen benutzten. (Felsbild, Peterborough, Ontario)

Dieser Sioux-Häuptling trägt seinen Federschmuck wie einen Heiligenschein. Wie *Sol invictus,* die unbesiegbare Sonne, verwundet der Krieger seinen Feind und gibt sein eigenes Blut zur Rettung »aller seiner Verwandten«. (Bemaltes Büffelleder der Sioux, Detail, Musée de l'homme, Paris)

Der Gott Thor war Schamane, Held und Gaukler. Hier trägt er eine feurige Aura um das Haupt. Die Hitze um ihn war so groß, daß er nicht über die Regenbogen-Brücke gehen durfte. Dieser Krieger und Retter bezog seine Kraft aus dem von Zwergen geschmiedeten Donnerhammer, aus dem magischen Gürtel und dem Eisenhandschuh, mit dem er den rotglühenden Hammer führte. (Steinplattenrelief, Niederdollendorf, Rheinland, fränkisch, 7. Jh., Rheinisches Landesmuseum, Bonn)

Die Figur von einem Felsbild in Nordwest-Australien hat eine mit wellenförmigen energetischen Strahlen geschmückte Aura. Es handelt sich um die Figur eines totemistischen Ahnen, die zu Beginn der Traumzeit aus den Tiefen der Erde auftauchte und am Ende der Traumreise wieder dorthin zurückkehrt. (Aus: Grey, *Journals of Two Expeditions of Discovery*)

Die heutigen Pueblo-Indianer im Südwesten der USA schreiben solche Spuren einer alten Kultur den »Anasazi« zu, das heißt den Alten oder Ahnen. Das Wüstenklima konservierte solche Bilder. Diese Figur mit Strahlenkopf hat sich mit der Sonne vereinigt und symbolisiert die Macht derer, die das Licht empfangen haben. (Felsbild, Anasazi-Kultur, Petrified Forest Nationalpark, Arizona)

Dieses *Nieríka* der Huichol stellt den strahlenden, zweigeschlechtlichen Geist des halluzinogenen Peyote dar, der Quelle der Lebensenergie *kupuri*. Die Herzgegend wird besonders betont; fragt man einen Huichol, warum er Peyote ißt, so lautet die Antwort oft: »Weil er einem Herz gibt.« Rechts und links stehen Opfergefäß mit brennendem Kopal, fünfsternige Peyote-Knospen und Kerzen. Vor dem Geist liegt ein achtrippiger Peyote – er verweist vielleicht auf die Kardinalrichtungen. (Fadenapplikation, Huichol, Mexiko; Sammlung der Autorin)

RÜCKKEHR IN DIE MITTELWELT

Der Schamane erlangt die Fähigkeit zu seinem Beruf als Heiler, Seher und Visionär im Verlauf von Selbstverwundung, Tod und Wiedergeburt. Die am eigenen Leibe gewonnene Erfahrung von Krankheit, Hinfälligkeit und Tod stärkt ihn für seine wahre Aufgabe. Er öffnet sich ja solchen Leidenserfahrungen aus gesellschaftlichen, nicht aus persönlichen Gründen. Seine Arbeit gilt den Kranken, die er heilt, und der Gesellschaft, deren Ordnung innerhalb größerer kosmischer Bezüge er schützt. Doch ist er nicht nur ein verwundeter Heiler, sondern vermag sich auch selbst zu heilen. Er besitzt die Kraft zur Wandlung. Als Toter geht er durch das Feuertor ins Reich des erwachten Bewußtseins. Er erfährt die Unsterblichkeit, und sein Menschenherz füllt sich mit dem Lachen des Mitgefühls. Das Leid, das er erfährt, wird zum Spiel. Er ist zugleich im Diesseits und im Jenseits zu Hause. Die Gesichter vieler Schamanen sind vom Schmerz gezeichnet und vom Lachen zerfurcht. Als Gaukler und weise Narren stellen sie in Tänzen und Liedern die Kräfte der Natur und die Visionen der Zukunft dar.

Gegenüber:
Lakota-Medizinmann Henry Krähenhund verläßt die Schwitzhütte, wo er dem Großen Geist Gebete darbrachte. (Foto von R. Erdoes)

Der Waiká-Schamane vom Oberen Orinoco in Venezuela tanzt und singt, während seine Seele zu den Geistern reist. Sein Lied mag an die Hékurá-Geister gerichtet sein, mit denen er Kontakt aufnimmt. (Foto eines Yanoama-Indio, aufgenommen von dem Missionar Luigi Cocco; aus Biocca, *Yanoama*)

Oben:
Diese Schamanin betet in Trance während einer Séance. Sie wirft heiligen Reis als Opfergabe in die Luft. In Ladakh ziehen solche Heilerinnen von Haus zu Haus und behandeln die Kranken und Hinfälligen. (Foto von R. Gardner)

In vielen Erdteilen praktizieren auch heute noch Schamanen und Medizinmänner die Kunst der Heilung und Trance. Viele versuchen mit verschiedenen Mitteln, die Weisheit der Alten an die heutigen Menschen weiterzugeben. Sie wissen, daß die alten Überlieferungen durch die moderne Technik in Gefahr sind. Doch meinte ein Schamane zur Autorin: »Viele moderne westliche Völker schätzen nicht nur den ›Weg‹ des Schamanen, sondern scheinen eine Vorliebe für den ›Medizin-Weg‹ zu haben.« Rückkehr in die Mittelwelt bedeutet heute also auch Brückenschlag zwischen den Kulturen und Zeitaltern. Wir haben gesehen, daß Schamanen ausgeglichen, würdig und selbstsicher die Gegensätze versöhnen und das Chaos ordnen. Vielleicht kann auch heute noch der Träumer die Mittlere Welt verändern.

Gegenüber:
Pete Catches (Petaga Yuha Mani, Er geht mit feurigen Kohlen), Lakota-Medizinmann, erlebt eine Vision, während er sich im Sonnentanz der Sonne opfert. Die Donnerwesen haben ihn einst zu seinem Amt berufen. (Foto von Richard Erdoes)

Der sibirische Schamane spielt seine Trommel während einer Heilung, die um die Jahrhundertwende in einer Familienwohnung stattfand. (Amerikanisches Naturhistorisches Museum, New York)

Unten:
Ein nordjapanischer Ainu bringt ein Opfer *(inau)* von an Stöcken befestigten Weidenspänen. Er betet zu den unsichtbaren *kami* oder Geistern.

QUELLEN

Alcheringo. Ethnopoetics, Boston (Mass.) 1975, Bd. 1

Anisimov, A. F., »The Shaman's Tent of the Evenks and the Origin of the Shamanistic Rite«, in: Henry N. Michael (Hrsg.), *Studies in Siberian Shamanism*, Toronto 1963

Biocca, Ettore, *Yanoama – Ein weißes Mädchen in der Urwaldhölle*, Frankfurt am Main 1972

Blackburn, Thomas C. (Hrsg.), *December's Child*, Berkeley, London 1975

Boas, Franz, *Kwakiutl Ethnography*, Chicago, London 1966

Bogoras, Waldemar, *The Chukchee*, American Museum of Natural History Memoirs, Bd. 11, Leiden, New York 1904-1909

Boyd, Doug, *Rolling Thunder – Erfahrungen mit einem Schamanen der neuen Indianerbewegung*, München 1978

Cirlot, Juan E. (Hrsg.), *A Dictionary of Symbols*, London 1962

Cloutier, D., *Spirit, Spirit*, Providence 1973

Cooper, John M., *The Gros Ventres of Montana*, Teil II: »Religion and Ritual«, Washington, DC 1957

Curtis, Edward S., *The North American Indian*, Cambridge, Mass. 1907-1930

Eliade, Mircea, *Schamanismus und archaische Ekstasetechnik*, Frankfurt am Main 1980

Eliot, Alexander (Hrsg.), *Mythen der Welt*, Luzern, Frankfurt am Main 1976

Elkin, Adolphus P., *Aboriginal Men of High Degree*, New York 1977

Erdoes, Richard s. Lame Deer

Furst, Peter T., »Huichol Conception of the Soul«, *Folklore Americas*, 1967, Bd. 27, Nr. 2

Grant, Campbell, *Rock Art of the American Indian*, Neuaufl., New York 1980

–, *The Rock Paintings of the Chumash – A Study of California Indian Culture*, Berkeley, Los Angeles 1965

Gray, Louis H. und John A. MacCulloch (Hrsg.), *The Mythology of All Races*, 13 Bde., Boston 1927; Bd. 4: Uno Holmberg-Harva, »Finno-ugric, Siberian«

Grey, G., *Journals of Two Expeditions of Discovery in North West and Western Australia*, Bd. 1, London 1841

Halifax, Joan, *Die andere Wirklichkeit der Schamanen*, Weilheim 1981

Harner, Michael J. (Hrsg.), *Hallucinogens and Shamanism*, New York 1973

Holmberg-Harva, Uno s. Gray, Louis H. und John A. MacCulloch

Ivanov, Sergej V., *Materialy po izobrazitel' nomu iskusstvu narodov Sibiri XIX – načala XX v.* (Materialien zur bildenden Kunst der Völker Sibiriens im 19. und frühen 20. Jahrhundert), Leningrad 1954

Lame Deer, John (Fire) und Richard Erdoes, *Tahca Ushte, Medizinmann der Sioux*, München 1979

Laski, Vera, *Seeking Life*, Philadelphia 1958

Laufer, Berthold, *Oriental Theatricals*, Chicago 1923

Legeza, Laszlo, *Tao Magic*, London, New York 1975

Lévi-Strauss, Claude, *Strukturale Anthropologie*, Frankfurt am Main 1967

Lommel, Andreas, *Die Welt der frühen Jäger – Medizinmänner, Schamanen, Künstler*, München 1965; 2. überarb. u. erw. Aufl.: *Schamanen und Medizinmänner – Magie und Mystik früher Kulturen*, München 1980 (alle Zitate in diesem Buch stammen aus der Neuauflage)

Myerhoff, Barbara G., *Peyote Hunt – The Sacred Journey of the Huichol Indians*, Ithaca, London 1974

Neihardt, John G. s. Schwarzer Hirsch

Ortiz, Alfonso, »Look to the Mountaintops«, in: E. G. Ward (Hrsg.) *Essays on Reflection*, Boston (Mass.), 1973

Pager, Harald, *Ndedema*, Die afrikanischen Felsbilder, Bd. 5, Graz 1971

Parabola, Tamarack Press, New York 1978, Bd. 3, Nr. 2

Perry, John W., *The Far Side of Madness*, Englewood Cliffs 1974

Philippi, Donald L., *Songs of Gods, Songs of Humans – The Epic Tradition of the Ainu*, Tokio 1979

Popov, A. A., »How Sereptie Djarroskin of the Nganasans (Tavgi Samoyeds) Became a Shaman«, in: V. Dioszegi (Hrsg.), *Popular Beliefs and Folklore Tradition in Siberia*, Bloomington 1968

Rasmussen, Knud, *Across Arctic America*, New York 1968

–, *Eskimo Folk Tales*, London 1921

–, *Intellectual Culture of the Hudson Bay Eskimos*, Kopenhagen 1929-1930

–, *Intellectual Culture of the Iglulik Eskimos*, New York 1976

–, *The Netsilik Eskimos*, Kopenhagen 1931, New York 1976

–, *Rasmussens Thulefahrt*, Frankfurt am Main 1926

Reichel-Dolmatoff, G., *The Shaman and the Jaguar*, Philadelphia 1975

Sharon, Douglas, *Wizards of the Four Winds – A Shaman's Story*, New York, London 1978

Schwarzer Hirsch, *Ich rufe mein Volk – Leben, Traum und Untergang der Ogalalla-Sioux*, aufgeschrieben von John G. Neihardt, München 1962

Spencer, Baldwin und Francis J. Gillen, *The Arunta*, New York (in Vorbereitung)

Villaseñor, David V., *Mandalas im Sand – Vom Wesen indianischer Sandmalerei*, Obernhain 1974

Wasson, Robert G., *The Wonderous Mushroom*, New York 1980

Wellmann, Klaus F., *A Survey of North American Rock Art*, Graz 1979

BILDNACHWEISE

Die auf den Tafeln S. 33-64 abgebildeten Gegenstände befinden sich in der Sammlung der Autorin 45; Ehepaar K. J. Butler 34; Göttingen, Universitätssammlung, Museum für Völkerkunde 64; Istanbul, Topkapi-Saray-Museum 48 und 49; Kioto, Chion-yi-Kloster, Japan 63; London, Britische Bibliothek (Ms Add 5253) 56 und 57; Mexiko, Nationalmuseum für Anthropologie 43 unten, 46; München, Staatliches Museum für Völkerkunde 50 oben, 61; New York, Amerikanisches Naturhistorisches Museum 33, 42, 58; Ottawa, Nationalmuseum der Menschheit (72-8261) 38; Paris, Cernuschi-Museum 43 oben; Frau F. C. Reif 53; Sitka, Sheldon Jackson Museum, Alaska 51; Winnipeg Hudson Bay Company 44 oben.

Fotografische Quellen:

TAFELN: Akademische Druck- und Verlagsanstalt, Graz 60 und 61; Nicholas Bouvier, Cologny-Genève 57; Robert Braunmüller, München 64; Peter T. Furst 43 unten, 46; Gesellschaft für die Angelegenheiten der amerikanischen Indianer, New York 47; Eberhard Otto 59; Kanadische Nationalmuseen, Ottawa 38; Indian and Northern Affairs 44 oben; Kunstgalerie Winnipeg (Ernest Mayer) 34.

THEMEN: Amerikanische Kunstföderation, New York 78 oben; Amerikanisches Naturhistorisches Museum, New York 85 unten; Kunstrat der kanadischen Eskimo, Ottawa 78 unten; Claes Claesson 81 oben; Peter T. Furst 73 unten, 84 unten; D. Mazonowicz 65; Harold Moore 85 oben r.; Kanadisches Nationalmuseum, Ottawa 86 oben r.; J. M. Pelt, *Drogues et plantes magiques*, Paris 1971, 89 oben; Dr. D. Sharon 67 unten; Gorai Shigeru, *Yama no Shukyo*, Kioto 1970, 73 oben r.; Romas Vastokas 90 oben l.; Robert Gordon Wasson, Botanisches Museum Harvard, Cambridge, Mass., Foto von A. B. Richardson 88 oben l.; K. F. Wellmann (vgl. Quellen) 81 unten l., 91 unten l.; Peter Young 81 unten r.